AF536567

Gabriele Redden

Brot aus dem Topf

Gabriele Redden

Fotografiert von
Karl Newedel

Liebe Backfreunde,

ist das nicht ein wunderbarer Duft, wenn frisch gebackenes Brot aus dem Backofen kommt? Warm und mit dieser unwiderstehlichen Kruste, in die man am liebsten sofort hinein beißen möchte ... Und wenn dann die erste Scheibe herunter geschnitten und mit Butter bestrichen ist, die weiche Krume und der knusprige Rand ... was für ein unvergleichlicher Genuss!

Ich weiß nicht ob es Ihnen auch so geht, aber eines steht für mich fest: Brot ist eines der wichtigsten Grundnahrungsmittel unserer Kultur und das selbstgebackene sicher auch eines der wertvollsten. Denn da weiß man, was drin steckt.

Als ich mich zum ersten Mal damit beschäftigte, lebte ich in den USA und vermisste das deutsche Brot sehr. Andererseits konnte ich mir nicht vorstellen, Brot selbst zu backen, weil ich es für einen zu komplizierten Vorgang hielt. Doch dann las ich, dass die Siedler, die in den amerikanischen Westen zogen, über ein universales Küchengerät verfügten, den Dutch Oven. Offenbar waren es Holländer, die den gusseisernen Topf mit Deckel mit in die Neue Welt brachten, wo er bei Cowboys, Holzfällern und Pfadfindern auch später noch sehr beliebt war. In diesem Topf wurden über einer Feuerstelle nicht nur Eintöpfe gekocht, darin wurde auch Brot gebacken.

Und genau so ein Bräter stand auch in meinem Schrank, ganz hinten. Er wurde viel zu selten benutzt, doch das änderte sich von Stund an. Schon meine ersten Versuche waren von Erfolg gekrönt, ganz egal welche Temperatur die verschiedenen Teige erforderten, die Brote gelangen immer. Seither backe ich unser Brot selbst, dabei variiere ich die Rezepte, je nach Gelegenheit mal pikant, mal eher süß. Die Vielfalt ist einfach großartig und inspiriert mich immer wieder zum Experimentieren. Meine Lieblingsrezepte finden Sie in diesem Buch.

Sollten Sie also auch einen gusseisernen Topf besitzen, kann ich Sie nur ermutigen ihn zum Brotbacken zu benutzen, denn Brot im Topf gebacken gelingt immer. Und wenn Sie noch keinen haben, die Anschaffung lohnt sich. Sicher, es braucht Geduld, weil die Teige meistens über mehrere Stunden gehen müssen, aber die tatsächliche Arbeitszeit ist kurz und die Vorfreude auf das frische, duftende Brot groß. Versuchen Sie es einfach und Sie werden erleben, wie leicht das geht.

Vie Spaß wünscht Ihnen Ihre

Gabriele Redden

Inhalt

Die Rezepte

Sauerteig selbst ansetzen 14

Feine Hefebrote 16

Aromatische Sauerteigbrote 40

Süße Brote 64

Glutenfreie Brote 76

Pikante und süße Brotaufstriche 86

Wissenswertes

Vorwort 6

Wichtiges im Überblick 10

Die Geräte 11

Die Zutaten 12

Wichtiges im Überblick

Alle Zutaten müssen Zimmertemperatur haben
Lassen Sie die Zutaten Raumtemperatur annehmen, bevor Sie mit dem Backen anfangen. Das gilt ganz besonders für Hefe und Sauerteig – beide können besser arbeiten, wenn sie mindestens 21 °C haben. Denken Sie aber auch bei der Zugabe von Wasser, Milch oder Eier daran. Um dies besonders hervorzuheben, haben wir bei jedem Rezept diesen Stempel abgebildet. Generell wird der Temperaturbereich 21 bis 24 °C als Zimmertemperatur angesehen.

Gehender Teig mag keine Zugluft
Sie werden merken, dass ich den Teig zum Gären immer zudecke. Das tue ich zum einen aus hygienischen Gründen, aber es ist auch ganz wichtig, um Zugluft zu vermeiden. Stellen Sie den gehenden Teig nie an eine zugige Stelle.

Unterschiedliche Teigkonsistenzen
Obwohl ich für ein Brot immer die gleichen Zutaten in den gleichen Mengen nehme, ist der Teig nicht immer gleich. Vielleicht hängt es mit der Temperatur und Luftfeuchtigkeit zusammen, vielleicht ist das eine Mehl etwas frischer als das andere. Vielleicht sind es auch mehrere Faktoren, die hier zusammenspielen. Lassen Sie sich nicht irritieren. Geben Sie eventuell etwas Mehl oder Wasser hinzu, so dass die im Rezept beschriebene Konsistenz erreicht wird. Und es passiert auch nichts, wenn der Teig zu dünn in den Topf kommt – das Brot wird trotzdem gelingen.

Kleiner Topf – großer Topf
Ich arbeite in diesem Buch mit dem 3-Liter- und dem 5-Liter-Topf. Wenn Sie nur eine Topfgröße zur Verfügung haben, können Sie trotzdem alle Brote backen: Wenn Sie die Zutaten, die ich für ein großes Brot (5-Liter-Topf) angegeben habe, halbieren, können Sie das Brot im kleinen Topf backen. Umgekehrt können Sie fast alle kleinen Brote auch im großen Topf backen – in den meisten Fällen ist der Teig so kompakt, dass er seine Form behält, schlimmstenfalls wird das Brot etwas flacher. Wenn Sie aus einem kleinen Brot ein großes machen möchten, verdoppeln Sie die Zutatenmengen.

Die Geräte

Küchenmaschine: Zu den besten Erfindungen für die Küche gehört zweifelsfrei die Küchenmaschine, die uns unter anderem das Kneten bzw. Rühren der Teige abnimmt. Natürlich können Sie die Teige auch ohne Küchenmaschine herstellen, dann ist allerdings Handarbeit gefragt. Sie müssen so lange kneten, bis der Teig die in den Rezepten beschriebene Konsistenz hat.

Arbeitsfläche: Ich gebe alle meine Teige auf ein großzügig mit Mehl bestreutes großes Holzbrett. Darauf können feste Teige auch das letzte Mal vor dem Backen gehen, wenn man sie mit Mehl bestreut und mit einem Küchentuch oder Klarsichtfolie abdeckt.

Teigschaber: Ein Teigschaber ist für mich beim Brotbacken unerlässlich. Er besteht aus einer flachen halbrunden oder rechteckigen Platte aus Kunststoff oder Edelstahl. Metallene Teigschaber haben meist einem Handgriff aus Plastik oder Holz. Damit kann man klebrige Teige nicht nur gut teilen, sondern auch gut bearbeiten und falten.

Gärkorb: In einem mit Mehl ausgestreuten Gärkorb aus Peddigrohr bzw. Rattan können Teige besonders gut gehen, weil sie ordentlich belüftet werden. Außerdem bekommen sie in den Körben die für manche Brote typische Musterung der konzentrischen Kreise. Ich besitze keinen Gärkorb und lasse meine Teige daher immer in Schüsseln gehen, die entweder mit Öl bestrichen oder mit einem bemehlten Tuch ausgelegt sind.

Der gusseiserne Topf: Wie eingangs erwähnt, waren es die europäischen Siedler, die in den amerikanischen Westen zogen und als erste den gusseisernen Topf als eine Art mobilen Backofen verwendeten. Nun stellt sich diese aus der Not geborene Methode als einfachste und beste Methode zum Brotbacken zuhause heraus. Im gusseisernen Topf entsteht ein Klima wie in einem Holzbackofen: rundherum gleichmäßige Hitze, während die Feuchtigkeit des Teiges erhalten bleibt. Sie müssen also nicht wie bei einem herkömmlichen Backofen ein flaches Gefäß mit Wasser in den Ofen stellen und die Innenwände immer wieder mit Wasser besprühen. Stattdessen geben Sie den fertigen Teig einfach in den vorher aufgeheizten gusseisernen Topf, legen den Deckel auf und stellen ihn in den Ofen. Nach entsprechender Backzeit holen Sie den Topf heraus, öffnen den Deckel und vernehmen als erstes den wunderbaren Duft. Das Brot hat eine knusprige Kruste und eine weiche Krume und ist nirgendwo angebacken. Es ist für mich immer wieder ein kleines Wunder, wenn ich den Deckel hebe und mein perfekt gebackenes Brot im Topf erblicke.

Die Zutaten

Mehle

Von allen Mehlen eignet sich **Weizenmehl** am besten zum Brotbacken, weil es am meisten Gluten enthält. Dieser Stoff kommt in den Weizenkörnern vor und besteht aus verschiedenen Proteinen. Gibt man Wasser zum Weizenmehl bildet er den so genannten Kleber, der dem Teig das Gerüst gibt. Zunächst schützt Gluten durch die Elastizität, die es dem Teig verleiht, die Bläschen, die während des Gärens entstehen. Beim Backen gerinnt es und sorgt dafür, dass der Brotlaib seine Form behält.

Der traditionelle Brotlaib kann daher nur aus Mehlen entstehen, die Gluten enthalten und das sind neben Weizenmehl auch **Hartweizen-, Dinkel-, Emmer-, Kamut-** und **Einkornmehl**, allesamt Verwandte des Weizens.

Mehle aus **Roggen, Hafer** und **Gerste** haben einen wesentlich niedrigeren Anteil an Gluten und werden daher beim Brotbacken meistens mit Weizenmehl vermischt.

Mehle aus **Teff, Hirse, Mais** und **Reis,** sowie **Quinoa** und **Amaranth** sind völlig glutenfrei. Brote, die aus diesen Mehlen gebacken werden, sind meist nussiger im Geschmack, doch gelingen sie nicht so luftig und saftig wie Brote mit Weizenmehlanteil. Sie sind aber eine gute Alternative für die Menschen, die an Weizen- oder Glutenunverträglichkeit (Zöliakie) leiden. Und auch für alle, die einfach mal etwas anderes ausprobieren und kosten wollen.

Getreide kann unterschiedlich fein gemahlen werden, d. h. es entstehen Mehl, Grieß, Schrot, Dunst und Kleie. Mehl wiederum wird in unterschiedlichen Ausmahlungsgraden angeboten. Je höher der Ausmahlungsgrad, desto größer ist der Anteil an Mineralstoffen wie Kalzium, Eisen, ebenso wie an B-Vitaminen. Die stecken vor allem in der Schale.

Die verschiedenen **Ausmahlungsgrade** von Weizen-, Roggen- und Dinkelmehl sind als **Type** auf jeder Packung Mehl vermerkt. Die Type 550 zum Beispiel bedeutet, dass 100 Gramm dieses Mehls 550 Milligramm Mineralstoffe enthalten. Je höher die Typenzahl, desto mehr Schalen sind mit gemahlen, das Mehl ist dunkler und schmeckt kräftiger.

Mehltypen

Ich beschränke mich hier auf die Mehle, die ich bei meinen Rezepten zum Brotbacken verwendet habe. Sie sind im Supermarkt oder im Reformhaus erhältlich.

Weizen

Type 550	gut geeignet für alle Weißbrote
Type 1050	klassisches Brotmehl für Grau- und Mischbrote

Roggen

Type 997	gut geeignet für Mischbrote und Sauerteige
Type 1150	kräftiges Mehl für Sauerteigbrote

Dinkel

Type 815	gut geeignet für Mischbrote
Type 1050	kräftiger im Geschmack, gut geeignet für Mischbrote und reine Dinkelbrote

Weizengrieß und Vollkornmehle aus Roggen, Weizen oder Dinkel, sowie Mehle aus Buchweizen, Teff, Reis, Hirse, Quinoa oder Amaranth haben keine Typenbezeichnungen.

Flüssigkeit
Erst wenn man das Mehl mit Flüssigkeit vermischt, wird daraus ein Teig. Meistens nimmt man Wasser, nach Möglichkeit Quellwasser. Aber Sie werden auch Rezepte mit Milch, Joghurt, Buttermilch, Saft und Malzbier in meinem Buch finden, denn das sorgt für Abwechslung.
Wie viel Flüssigkeit der Teig benötigt, hängt davon ab, welches Mehl Sie verwenden, von dessen Ausmahlungsgrad, Alter und von der herrschenden Luftfeuchtigkeit. Deshalb ist es ratsam, nicht das ganze Wasser auf einmal zuzufügen, sondern nach und nach. Achten Sie bei den Rezepten darauf, wie die Teigbeschaffenheit beschrieben ist, und fügen Sie je nach Bedarf etwas mehr Mehl oder Wasser dazu.

Triebmittel
Hefe, Sauerteig und Backpulver haben nicht nur Einfluss auf das Volumen, sondern auch auf den Geschmack der Brote. Für Weizenmehle verwendet man in der Regel Hefe, für Roggen eher Sauerteig oder Sauerteig plus Hefe und mancherorts, wie beispielsweise in Irland, nimmt man auch Backpulver.

Hefe: Im Supermarkt finden Sie frische und trockene Hefe. Frischhefe wird meistens in 42 g-Würfeln angeboten, Trockenhefe in kleinen Papiersäckchen mit 7 Gramm, beide Angebotsformen reichen für je 500 Gramm Mehl. Hefe besteht aus einzelligen Pilzen, die für die Bildung der Kohlenstoffdioxid-Bläschen im Teig verantwortlich sind. Je mehr Zeit Sie dem Teig zum „Gehen" geben, desto weniger Hefe braucht er.
Achtung: Hefe ist eine Diva, sie erwartet die richtigen Rahmenbedingungen. Damit die Hefe die Gärprozesse in Gang setzen kann, braucht sie Wasser bzw. Flüssigkeit und die richtige Temperatur. Warm, aber nicht zu warm (etwa zwischen 36 °C und 40 °C) fühlt sie sich am wohlsten. Aber aufpassen, ab 45 °C sterben die Hefezellen ab. Hefe liebt Zucker, deswegen habe ich häufiger eine Prise dazu gegeben. Und sie mag kein Salz, denn Salz bindet das Wasser, das sie braucht. Deshalb wird Salz in den meisten Rezepten erst beim letzten Kneten zugegeben.

Backpulver: Die Substanz, die die Bildung von Kohlenstoffdioxid im Teig hervorruft und damit ähnlich wie Hefe wirkt, aber keine Gärzeiten braucht, wurde um die Mitte des 19. Jh. entwickelt; das Ziel: Backwaren schneller produzieren zu können und haltbarer zu machen. Allerdings erreicht Backpulver nicht diesen besonderen Geschmack, für den Hefe und Sauerteig im Brot sorgen. Backpulver wird bei uns hauptsächlich zum Kuchenbacken verwendet.

Sauerteig: Seit einiger Zeit kann man Sauerteig auch im Supermarkt kaufen, wo er meistens flüssig in 75- und 100-Gramm-Beuteln angeboten wird. Ich habe in den Rezepten grundsätzlich flüssigen Sauerteig verwendet. Wieviel Sauerteig Sie brauchen, hängt davon ab, ob Sie Weizen-, Dinkel- oder Roggenmehl verwenden.

Sauerteig besteht aus Hefepilzen und Milchsäurebakterien, die den Teig durch Bläschenbildung auflockern. Außerdem verbessert Sauerteig die Verdaulichkeit, das Aroma, den Geschmack und die Haltbarkeit eines Brotes. Das gilt vor allem für Teige aus Roggenmehl oder mit Roggenmehlanteil. Während für Weizenmehl in erster Linie Hefe als Triebmittel verwendet wird, ist bei Roggenmehl die Zuführung von Milchsäure erforderlich, damit der Teig aufgeht. Die eigene Herstellung von Sauerteig kann manchmal recht frustrierend sein, weil seine Entstehung und Führung von mehreren Faktoren wie Temperatur, Luftfeuchtigkeit, Alter des Mehls abhängig ist. Daher kann auch die Wassermenge, die man mit dem Mehl verrührt, variieren. Ich ermutige Sie zum Experimentieren.

Sauerteig selbst ansetzen

Sauerteig mit Weizenmehl

300 g Weizenmehl (die Mehltype ist egal, es sollte nur kein Vollkornmehl sein)
25 g Hefe
200–300 ml lauwarmes Wasser (38 °C)

Mehl, Hefe und Wasser zu einem Brei verrühren. Schüssel mit einem Tuch abdecken und 5 bis 6 Tage bei ca. 25 °C stehen lassen. Am Tag vor der Verwendung 1 bis 2 gehäufte EL Mehl und etwas lauwarmes Wasser zufügen, verrühren und bei 25 °C gären lassen.

Restlichen Teig in ein Glas mit Schraubverschluss geben und in den Kühlschrank stellen, aber vor jedem Gebrauch Zimmertemperatur annehmen lassen. Einmal pro Woche „füttern“: 2 EL Weizenmehl mit 100 ml Wasser verrühren und unter den Sauerteig rühren.

Sauerteig mit Roggenmehl

200 g Roggenmehl (die Mehltype ist egal, es sollte nur kein Vollkornmehl sein)
2 EL Buttermilch oder Joghurt
400 ml Wasser

Roggenmehl, Buttermilch und Wasser vermengen und für 3 Tage in einem abgedeckten Glas mit Schraubverschluss an einen 25 °C warmen Ort stellen. Jeden Tag ein- bis zweimal umrühren. Am 4. Tag 150 g Mehl und 250 ml lauwarmes Wasser zufügen und umrühren. Wieder warm stellen. Am fünften Tag ist der Sauerteig gebrauchsfertig. Im Kühlschrank aufbewahren, aber vor jedem Gebrauch Zimmertemperatur annehmen lassen.

Einmal pro Woche „füttern“: 2 EL Roggenmehl mit 100 ml Wasser verrühren und unter den Sauerteig rühren.

Feine Hefebrote

Klassisches Hefe-Mischbrot

Arbeitszeit: ca. 20 Minuten | Gärzeit insgesamt: ca. 2 Stunden | Backzeit: 45 Minuten

für einen 3 l Topf
Brotlaib ca. 850 g

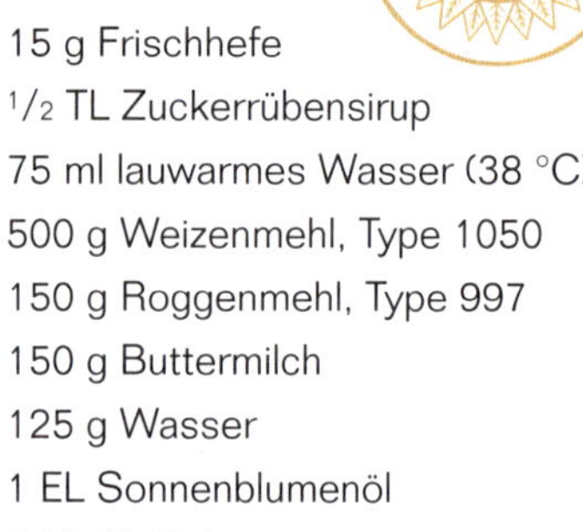

15 g Frischhefe
1/2 TL Zuckerrübensirup
75 ml lauwarmes Wasser (38 °C)
500 g Weizenmehl, Type 1050
150 g Roggenmehl, Type 997
150 g Buttermilch
125 g Wasser
1 EL Sonnenblumenöl
1 1/2 TL Salz

Außerdem
Mehl für die Arbeitsfläche
Öl zum Einölen der Schüssel

1 Hefe zerbröckeln und mit dem Sirup in lauwarmem Wasser auflösen. Weizen-, Roggenmehl und Hefemischung in die Schüssel der Küchenmaschine geben und mit dem Knethaken kurz durchmischen. Buttermilch und Wasser vermischen und dazu gießen. Den Teig 4 Minuten auf niedriger Stufe kneten, währenddessen Öl zufügen, Salz einstreuen und weitere 4 Minuten auf mittlerer Stufe kneten. Es sollte ein glatter Teig entstehen, der nicht mehr an der Schüssel klebt.

2 Den Teig aus der Schüssel nehmen, auf einer mit Mehl bestreuten Arbeitsfläche kurz durchkneten und in eine leicht geölte Schüssel geben. Abdecken und bei ca. 24 °C etwa 1 Stunde gehen lassen, bis sich das Volumen verdoppelt hat.

Mit frischer Butter und Käse, Wurst oder Konfitüre – das klassische Mischbrot ist immer ein Genuss!

3 Teig auf der Arbeitsfläche zu einer Kugel formen, mit einem sauberen Küchentuch bedecken und ca. 10 Minuten ruhen lassen. Dann die Teigkugel auf der Arbeitsfläche rollen, mit bemehlten Händen über die Oberfläche streichen und dabei sanft spannen.

4 Das Küchentuch in eine Schüssel geben, mit Mehl bestreuen und die Teigkugel hineingeben, mit Klarsichtfolie abdecken und 45 Minuten ruhen lassen. Alternativ kann man den Teig auch in einen Gärkorb legen.

5 Den Topf im Backofen auf der untersten Einschubleiste auf 220 °C aufheizen (das dauert ungefähr 40 Minuten). Mit gut isolierten Küchenhandschuhen den Topf aus dem Ofen nehmen, Deckel abheben und die Teigkugel hineingleiten lassen. Mit einer scharfen Klinge die Oberfläche dreimal schräg einschneiden. Sofort den Deckel wieder auflegen und den Topf in den Backofen stellen. Backofen schließen.

6 Nach 45 Minuten den Topf aus dem Ofen heben (Küchenhandschuhe nicht vergessen!) und das Brot aus dem Topf stürzen. Auf einem Rost abkühlen lassen.

Sonnenblumenkernbrot

Arbeitszeit: ca. 20 Minuten | Gärzeit insgesamt: 9 1/2 Stunden | Backzeit: 45–50 Minuten

für einen 5 l Topf
Brotlaib ca. 2 kg

21 °C

Vorteig

200 g Weizenmehl, Type 550
130 ml lauwarmes Wasser (38 °C)
5 g Trockenhefe

Teig

200 g grob geschroteter Roggen
250 ml kochendes Wasser
200 g Sonnenblumenkerne
800 g Weizenmehl, Type 550
420 ml lauwarmes Wasser (38 °C)
1 1/2 TL Trockenhefe
2 TL flüssiger Honig
1 1/2 EL Salz

Außerdem

Mehl für die Arbeitsfläche

1 Für den Vorteig die Hefe im Wasser auflösen, Mehl zugeben und zu einem glatten Teig verkneten. Die Schüssel mit Klarsichtfolie abdecken und den Teig bei Zimmertemperatur (ca. 21 bis 24 °C) für etwa 7 Stunden gehen lassen.

2 Währenddessen für den Hauptteig Roggenschrot mit kochendem Wasser übergießen, mit Folie abdecken und etwa 6 Stunden quellen lassen.

3 Den Ofen auf 175 °C vorheizen und die Sonnenblumenkerne auf einem Blech etwa 10 Minuten rösten, bis sie anfangen zu duften.

4 Weizenmehl, Wasser, Trockenhefe, Honig, Sonnenblumenkerne, Salz und Roggenschrot in der Rührschüssel der Küchenmaschine mit dem Knethaken auf kleinster Stufe 3 Minuten kneten, bis alles vermischt ist. Den Vorteig portionsweise zufügen. Eventuell noch ein wenig Wasser oder Mehlzufügen. Anschließend den Teig auf Stufe 2 weitere 3 Minuten kneten. Es sollte ein fester Teig entstehen, der nicht mehr am Schüsselrand klebt.

5 Den Teig auf einer mit Mehl bestreuten Arbeitsfläche zu einer Kugel formen. Eine saubere Schüssel mit einem bemehlten Tuch auslegen, den Teig hineingeben und mit Klarsichtfolie bedecken. Nach einer Stunde den Teig herausnehmen, einmal übereinander falten und in der Schüssel weitere 2 1/2 Stunden bei ca. 24 °C gehen lassen. Das Teigvolumen sollte sich dann verdoppelt haben.

6 Den Topf im Backofen auf der untersten Einschubleiste auf 240 °C aufheizen (das dauert ungefähr 45 Minuten).

7 Topf mit gut isolierten Küchenhandschuhen herausnehmen, den Deckel abheben, die Teigkugel vorsichtig hineingleiten lassen und mit einem scharfen Messer kreuzweise einschneiden. Deckel auflegen und den Topf wieder in den Ofen stellen. Temperatur nach etwa 15 Minuten auf 220 °C reduzieren und das Brot weitere 30 bis 35 Minuten fertig backen.

8 Topf aus dem Ofen holen (Küchenhandschuhe nicht vergessen!), das Brot auf einen Rost stürzen und auskühlen lassen.

Schnelles Dinkel-Haselnuss-Brot

Arbeitszeit: ca. 20 Minuten | Gärzeit insgesamt: 1 1/4 Stunden | Backzeit: 70 Minuten

für einen 5 l Topf
Brotlaib ca. 2,5 kg

1 kg Dinkelmehl, Type 815
300 g Weizenmehl, Type 550
1 Würfel Hefe (42 g)
200 ml lauwarmes Wasser (38 °C)
1 l Wasser
2 EL Salz
100 g geschälte Haselnüsse
nach Belieben: 75 g Rosinen

Außerdem
Mehl für die Arbeitsfläche

1 Dinkel- und Weizenmehl in die Rührschüssel der Küchenmaschine geben. Hefe zerbröckeln und in lauwarmem Wasser auflösen, mit dem restlichen Wasser zum Mehl geben. Mit dem Knethaken auf niedrigster Stufe 3 Minuten kneten. Abdecken und 45 Minuten bei Zimmertemperatur (ca. 21 bis 24 °C) ruhen lassen.

2 Den Topf im Backofen auf der untersten Einschubleiste auf 220 °C aufheizen (das dauert ungefähr 35 Minuten).

3 Die Haselnüsse in einer beschichteten Pfanne leicht rösten und etwas abkühlen lassen. Mit dem Salz und eventuell den Rosinen zum Teig geben und nochmals 5 Minuten auf mittlerer Stufe rühren.

4 Den Teig mit Mehl bestreuen und einem Küchentuch abdecken, dann ca. 30 Minuten ruhen lassen.

5 Den Topf mit gut isolierten Küchenhandschuhen aus dem Backofen nehmen, Deckel abheben und den Brotteig vorsichtig hineingleiten lassen. Mit einem scharfen Messer kreuzweise einschneiden, zugedeckt wieder in den Backofen stellen, Temperatur auf 200 °C reduzieren und das Brot etwa 70 Minuten backen.

6 Den Topf aus dem Ofen holen, das Brot auf einen Rost stürzen und auskühlen lassen.

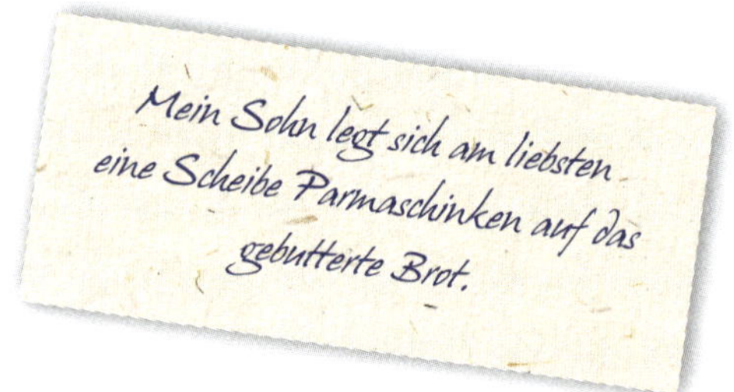

Ciabatta

Arbeitszeit: ca. 15 Minuten | Gärzeit insgesamt: 21 1/4 Stunden | Backzeit: 20 Minuten

für einen 3 l Topf
2 Brotlaibe à 750 g

Vorteig

5 g Trockenhefe
30 ml lauwarmes Wasser (38 °C)
300 g Weizenmehl, Type 550
200 ml Wasser

Teig

10 g Trockenhefe
3 EL lauwarme Milch (38 °C)
550 g Weizenmehl, Type 1050
450 ml Wasser
15 g Salz
2 EL Olivenöl

21 °C

Außerdem

Mehl für die Arbeitsfläche
Öl zum Einölen der Schüssel

1 Für den Vorteig die Trockenhefe in lauwarmem Wasser auflösen. In einer Schüssel Mehl, Wasser und Hefemischung mit einem Rührlöffel gut mischen, damit ein glatter Teig entsteht. Schüssel mit einem sauberen Küchentuch abdecken und bei Zimmertemperatur ca. 18 Stunden ruhen lassen.

2 Für den Teig die Trockenhefe mit der warmen Milch verrühren. In der Schüssel der Küchenmaschine Mehl, Wasser, Hefemischung, Olivenöl und Vorteig mit dem Knethaken 1 Minute auf niedrigster Stufe rühren, dann etwa 5 Minuten auf mittlerer Stufe weiterrühren und dabei das Salz einrieseln lassen. Den weichen und noch etwas klebrigen Teig in eine geölte Schüssel geben und mit Klarsichtfolie abgedeckt etwa 2 Stunden bei ca. 24 °C gehen lassen. Dann sollte sich das Volumen verdoppelt haben.

3 Den Teig vorsichtig auf eine bemehlte Arbeitsfläche legen, mit Mehl bestreuen und in zwei Hälften teilen. Nicht mehr kneten, damit die Luftbläschen im Teig erhalten bleiben. Beide Teighälften vorsichtig in eine rechteckige Form bringen, die der Länge des gusseisernen Topfes entspricht. Großzügig mit Mehl bestäuben, mit einem Küchentuch abdecken und weitere 45 Minuten ruhen lassen.

4 Den Topf im Backofen auf der untersten Einschubleiste auf 250 °C aufheizen (das dauert ungefähr 45 Minuten).

5 Mit gut isolierten Küchenhandschuhen den Topf aus dem Ofen nehmen, eines der Teigstücke hinein legen, Deckel schließen und den Topf zurück in den Ofen stellen. Hitze auf 230 °C reduzieren. Nach 20 Minuten den Topf aus dem Ofen holen (Küchenhandschuhe nicht vergessen!), das fertige Ciabatta herausheben und auf einem Rost abkühlen lassen. Das zweite Teigstück in den Topf legen und damit ebenso verfahren.

Ciabatta kann man wunderbar variieren. Geben Sie zum Beispiel 2 fein gehackte Knoblauchzehen und 1 EL fein gehackten (nach Möglichkeit frischen) Rosmarin mit dem Salz zum Teig. Oder probieren Sie es mit gehackten Mandeln und Thymian.

Französisches Landbrot

Arbeitszeit: ca. 20 Minuten | Gärzeit insgesamt: 14 Stunden | Backzeit: 50 Minuten

für einen 5 l Topf
Brotlaib ca. 1,2 kg

21 °C

Vorteig

5 g Trockenhefe
1/4 TL Puderzucker
40 ml lauwarmes Wasser (38 °C)
220 g Weizenmehl, Type 550
20 g Roggenmehl, Type 1150
200 ml Wasser

Teig

10 g Trockenhefe
1/2 TL Puderzucker
40 ml lauwarmes Wasser (38 °C)
500 g Weizenmehl
200 ml Wasser
2 1/2 TL Salz

Außerdem

Mehl für die Arbeitsfläche
Öl zum Einölen der Schüssel
Weizengrieß zum Bestreuen

1 Für den Vorteig Hefe und Puderzucker in lauwarmem Wasser auflösen. Weizenmehl und Roggenmehl in eine Schüssel geben und mit dem Wasser und der aufgelösten Hefe vermischen. Mit Klarsichtfolie abdecken und bei Zimmertemperatur etwa 12 Stunden ruhen lassen.

2 Für den Teig Hefe und Puderzucker in lauwarmem Wasser verrühren. Weizenmehl und restliches Wasser in der Schüssel der Küchenmaschine mit dem Knethaken verrühren. Aufgelöste Hefe sowie den Vorteig zugeben und alles etwa 5 Minuten auf Stufe 1 verkneten, dann das Salz einrieseln lassen und 5 bis 6 Minuten auf Stufe 2 weiter kneten. Der Teig sollte sich vom Schüsselrand lösen, ist aber noch weich und etwas klebrig.

Das Rezept habe ich von einer kleinen Bäckerei in Cavalaire in Südfrankreich. Dort haben wir dieses luftige Landbrot einen Sommer lang jeden Morgen zum Frühstück gekauft.

3 Den Teig in eine große geölte Schüssel geben und abgedeckt bei ca. 24 °C etwa 1 1/4 Stunden gehen lassen. Nach 30 Minuten einmal zusammenfalten und zurück in die Schüssel legen. Anschließend den Teig auf einer mit Mehl bestreuten Arbeitsfläche zu einem Laib formen. Entweder in einen Gärkorb legen oder eine Schüssel mit einem bemehlten Tuch auslegen und den Teig darauf geben. Dann mit einer Klarsichtfolie locker abdecken und den Teig 45 Minuten ruhen lassen. Das Volumen sollte sich um etwa 50 Prozent vergrößern.

4 Den Topf im Backofen auf der untersten Einschubleiste auf 250 °C aufheizen (das dauert ungefähr 45 Minuten).

5 Den Topf mit gut isolierten Küchenhandschuhen aus dem Backofen holen und den Teig hineinlegen. Dreimal schräg einschneiden, den Deckel auflegen und zurück in den Backofen stellen. Die Temperatur auf 220 °C reduzieren und das Brot 50 Minuten backen.

6 Den Topf aus dem Backofen nehmen (Küchenhandschuhe nicht vergessen!), das Brot auf einen Rost stürzen und auskühlen lassen.

Kastanien-Speck-Brot

Arbeitszeit: ca. 15 Minuten | Gärzeit insgesamt: 2 Stunden | Backzeit: 40 Minuten

für einen 3 l Topf
Brotlaib ca. 1 kg

25 g Trockenhefe
1/4 TL Rohrzucker
3 EL lauwarmes Wasser (38 °C)
150 g Kastanienmehl (Reformhaus)
500 g Weizenmehl, Type 1050
300 ml Wasser
1 EL Salz
125 g gewürfelter durchwachsener Räucherspeck

Außerdem
Mehl für die Arbeitsfläche

1 Die Hefe mit dem Zucker im lauwarmen Wasser auflösen. Kastanienmehl, Weizenmehl, Wasser und die Hefemischung in die Rührschüssel der Küchenmaschine geben und mit dem Knethaken auf kleinster Stufe ca. 3 Minuten verrühren. Dabei das Salz einrieseln lassen.

2 Den glatten, aber relativ weichen Teig auf einer mit Mehl bestreuten Arbeitsfläche zu einer Kugel formen und in eine mit Mehl ausgestreute Schüssel legen. Mit Klarsichtfolie abdecken und bei Zimmertemperatur (ca. 21 bis 24 °C) ca. 1 1/2 Stunden gehen lassen.

3 Gewürfelten Speck in einer Pfanne auslassen und das Fett abgießen. Die Speckwürfel unter den Teig kneten. Teig zu einem runden Laib formen. Mit einem Tuch abdecken und nochmals ca. 30 Minuten ruhen lassen.

4 Den Topf im Backofen auf der untersten Einschubleiste auf 200 °C aufheizen (das dauert ungefähr 30 Minuten).

5 Topf mit gut isolierten Küchenhandschuhen aus dem Backofen nehmen, Deckel abnehmen und den Laib hineinlegen. Topf wieder verschließen und in den Backofen stellen. Das Brot 40 Minuten backen. Nach 25 Minuten die Hitze auf 175 °C reduzieren.

6 Den Topf aus dem Ofen holen (Küchenhandschuhe nicht vergessen!), das Brot auf einen Rost gleiten und auskühlen lassen.

Manchmal gebe ich noch 50 g gedünstete Zwiebeln dazu. Das Brot ist pur, mit etwas Butter bestrichen, einfach nur lecker.

Mein Mann sagt, es sei das perfekte Frühstücksbrot, und isst es am liebsten mit Erdnussbutter und Erdbeerkonfitüre bestrichen.

Müsli-Joghurt-Brot

Arbeitszeit: ca. 15 Minuten | Gärzeit insgesamt: 4 1/4 Stunden | Backzeit: 65 Minuten

für einen 3 l Topf
Brotlaib ca. 1,2 kg

21°C

Vorteig

10 g Trockenhefe
1 TL Ahornsirup
75 ml lauwarmes Wasser (38 °C)
100 g Weizenmehl, Type 1050

Teig

500 g Weizenvollkornmehl
100 ml lauwarmes Wasser (38 °C)
25 g geschmolzene Butter
1 TL Salz
400 g griechischer Joghurt
200 g ungezuckertes Haferflocken-Müsli mit Nüssen und Trockenfrüchten (z. B. Bircher)

Außerdem

Mehl für die Arbeitsfläche
Öl zum Einölen der Schüssel

1 Für den Vorteig Hefe und Ahornsirup in lauwarmem Wasser auflösen. Weizenmehl in eine Schüssel geben und mit der aufgelösten Hefe vermischen. Mit Klarsichtfolie abdecken und bei ca. 24 °C etwa 3 Stunden ruhen lassen.

2 Für den Teig Weizenvollkornmehl, Vorteig und Wasser in der Schüssel der Küchenmaschine mit dem Knethaken 2 Minuten auf Stufe 1 verrühren. Butter, Salz, Joghurt und Müsli zugeben und weitere 5 Minuten auf Stufe 2 kneten.

3 Den festen, glatten Teig zu einer Kugel formen, in eine große geölte Schüssel geben, mit Klarsichtfolie abdecken und bei ca. 24 °C etwa 1 1/4 Stunden gehen lassen.

4 Den Topf im Backofen auf der untersten Einschubleiste auf 220 °C aufheizen (das dauert ungefähr 35 Minuten).

5 Den Teig auf einer mit Mehl bestreuten Arbeitsfläche zu einem Laib formen und mit einem bemehlten Küchentuch bedeckt etwa 20 Minuten ruhen lassen.

6 Den Topf mit gut isolierten Küchenhandschuhen aus dem Backofen holen und den Teig hineinlegen, kreuzweise einschneiden, den Deckel auflegen und zurück in den Backofen stellen. Die Temperatur auf 200 °C reduzieren und das Brot 65 Minuten backen.

7 Topf aus dem Ofen holen, (Küchenhandschuhe nicht vergessen!), das Brot auf einen Rost gleiten und auskühlen lassen.

Mariannes Kartoffelbrot

auf dem Foto Seite 16

Arbeitszeit: ca. 30 Minuten | Gärzeit insgesamt: 1 1/2 Stunden | Backzeit: 55–60 Minuten

für einen 5 l Topf
Brotlaib ca. 1,7 kg

750 g mehlig kochende Kartoffeln
2 TL Salz, plus 1 EL Salz für den Teig
1 Würfel Frischhefe (42 g)
200 ml lauwarmes Kartoffelkochwasser (38 °C)
750 g Weizenmehl, Type 1050
2 1/2 EL Sonnenblumenöl

Außerdem
Mehl für die Arbeitsfläche
Öl zum Einölen der Schüssel

1 Die Kartoffeln schälen und in grobe Würfel schneiden. In einem Topf mit Wasser bedecken und 2 TL Salz zufügen. In etwa 20 Minuten weich kochen. Abgießen, dabei 200 ml Wasser auffangen. Kartoffeln abkühlen lassen und durch die Kartoffelpresse drücken. Hefe im lauwarmen Kartoffelwasser auflösen.

2 Mehl in die Rührschüssel der Küchenmaschine geben, Hefemischung und Kartoffeln zufügen und mit dem Knethaken auf niedrigster Stufe 2 Minuten verrühren. Öl und restliches Salz dazugeben und nochmals ca. 8 Minuten rühren. Der zunächst etwas feste Teig wird beim Rühren weicher.

Das Rezept stammt von meiner Freundin Marianne, die während eines längeren Aufenthaltes in den USA anfing, ihr Brot selbst zu backen, da ihr das amerikanische nicht schmeckte. Der Aufenthalt ist zwar schon lange her, aber dieses Brot backt sie auch heute noch. Wer es probiert, weiß warum.

3 Den Teig in der Rührschüssel mit Klarsichtfolie abdecken und bei ca. 24 °C etwa 1 Stunde gehen lassen. Anschließend den Teig auf eine mit Mehl bestreute Arbeitsfläche geben und etwas flach drücken, einmal übereinander falten, dann mit bemehlten Händen rund zusammendrücken. Mit der Naht nach unten in eine geölte Schüssel legen und mit Klarsichtfolie abgedeckt 30 Minuten ruhen lassen.

4 Den Topf im Backofen auf der untersten Einschubleiste auf 190 °C aufheizen (das dauert ungefähr 35 Minuten).

5 Den Topf mit gut isolierten Küchenhandschuhen aus dem Backofen holen und den Teig hineinlegen; kreuzweise einschneiden, den Deckel auflegen und zurück in den Backofen stellen. Das Brot 55 bis 60 Minuten backen.

6 Topf aus dem Ofen holen (Küchenhandschuhe nicht vergessen!), das Brot auf einen Rost gleiten und auskühlen lassen.

Westfälisches Bauernbrot auf dem Foto Seite 17

Arbeitszeit: ca. 15 Minuten | Gärzeit insgesamt: 1 1/2 Stunden | Backzeit: 55 Minuten

für einen 5 l Topf
Brotlaib ca. 1,7 kg

1 Würfel Frischhefe (42 g)
1/2 TL Rohrzucker
100 ml lauwarmes Wasser (38 °C)
1 kg Weizenmehl, Type1050
125 g Roggenmehl, Type 997
250 ml zimmerwarmes Wasser
300 ml Buttermilch
2 EL weiches Schweineschmalz
1 1/2 EL Salz

Außerdem
Mehl für die Arbeitsfläche
Öl zum Einölen der Schüssel

1 Hefe und Zucker mit dem lauwarmen Wasser verrühren. Weizen- und Roggenmehl in die Rührschüssel geben. Hefemischung, Wasser und Buttermilch zufügen und ca. 3 Minuten auf niedrigster Stufe kneten. Dann Schweineschmalz und – während des Rührens – das Salz zugeben. Nochmals etwa 3 Minuten auf Stufe 2 kneten.

2 Den Teig auf eine mit Mehl bestreute Arbeitsfläche geben und mit bemehlten Händen durchkneten. Zu einer Kugel formen und in eine geölte Schüssel legen. Mit Klarsichtfolie bedeckt bei ca. 24 °C etwa 1 Stunde ruhen lassen.

3 Den Topf im Backofen auf der untersten Einschubleiste auf 220 °C aufheizen (das dauert ungefähr 35 Minuten).

4 Den Teig auf der Arbeitsfläche zu einem Laib formen, mit Mehl bestreuen und in einen Gärkorb legen oder mit einem Küchentuch bedeckt 30 Minuten ruhen lassen.

Das Rezept stammt von der Mutter eines Schulfreundes, die in der Nähe von Gütersloh auf dem Land lebt. Bis heute schmeckt es mir am besten mit Butter und Rübensirup.

5 Den Topf mit gut isolierten Küchenhandschuhen aus dem Backofen holen und den Teig hineinlegen; einmal längs einschneiden, den Deckel auflegen und zurück in den Backofen stellen. Das Brot 55 Minuten backen.

6 Topf aus dem Ofen holen (Küchenhandschuhe nicht vergessen!), das Brot auf einen Rost gleiten und auskühlen lassen.

Zwiebel-Kümmel-Brot

Arbeitszeit: ca. 25 Minuten | Gärzeit insgesamt: 15 3/4 Stunden | Backzeit: 55 Minuten

für einen 5 l Topf
Brotlaib ca. 2 kg

21°C

Vorteig
10 g Trockenhefe
1/4 TL Zucker
130 ml lauwarmes Wasser (38 °C)
200 g Weizenmehl, Type 550

Teig
300 g fein gehackte Zwiebeln
3 EL Butter
1 1/2 TL Trockenhefe
20 ml lauwarmes Wasser (38 °C)
200 g Roggenmehl
800 g Weizenvollkornmehl
400 ml lauwarmes Wasser (38 °C)
3 TL Kümmel
2 EL brauner Zucker
1 EL Salz

Außerdem
Mehl für die Arbeitsfläche
Öl zum Einölen der Schüssel

1 Für den Vorteig Trockenhefe und Zucker in Wasser auflösen. Mit dem Mehl zu einem Vorteig vermischen und bei Zimmertemperatur (ca. 21 bis 24 °C) abgedeckt 12 Stunden gehen lassen.

2 Für den Teig die Zwiebeln in der Butter glasig dünsten. Beiseite stellen.

3 Hefe im lauwarmen Wasser auflösen. Roggen- und Weizenmehl in die Rührschüssel der Küchenmaschine geben, Hefemischung, Wasser, Kümmel und Zucker zufügen und mit dem Knethaken auf niedrigster Stufe 4 Minuten kneten. 5 Minuten ruhen lassen, dann nochmals 3 Minuten auf mittlerer Stufe kneten und dabei das Salz einrieseln lassen. Der relativ feste Teig sollte sich nun vom Schüsselrand lösen.

Dieses Rezept habe ich in den jüdischen Delikatessenläden New Yorks kennengelernt. Dort belegt man es mit Sauerkraut und Pastrami (gepökeltem Rindfleisch). Sehr lecker!

4 Den Teig auf eine mit Mehl bestreute Arbeitsfläche geben und zu einer Kugel formen, falls nötig noch etwas Mehl einarbeiten. Teigkugel in eine geölte Schüssel legen, mit Klarsichtfolie bedecken und bei ca. 24 °C etwa 2 Stunden gehen lassen.

5 Anschließend den Teig wieder auf die Arbeitsfläche geben, zu einem Laib formen, mit etwas Mehl bestreuen, entweder in einen Gärkorb legen und mit Folie bedecken oder nur mit einem Küchentuch bedecken und ca. 45 Minuten ruhen lassen.

6 Den Topf im Backofen auf der untersten Einschubleiste auf 200 °C aufheizen (das dauert ungefähr 35 Minuten).

7 Den Topf mit gut isolierten Küchenhandschuhen aus dem Backofen holen und den Teig hineinlegen; einmal längs einschneiden, den Deckel auflegen und den Topf zurück in den Backofen stellen. Das Brot 55 Minuten backen.

8 Topf aus dem Ofen holen (Küchenhandschuhe nicht vergessen!), das Brot auf einen Rost gleiten und auskühlen lassen.

Buttermilchbrot

Arbeitszeit: ca. 15 Minuten | Gärzeit insgesamt: 2 Stunden | Backzeit: 60 Minuten

für einen 5 l Topf
Brotlaib ca.1,5 kg

25 g Trockenhefe
1/4 TL Zucker
150 ml lauwarmes Wasser (38 °C)
350 g Weizenmehl, Type 550
350 g Weizenvollkornmehl
300 g Sechskornmehl
(z. B. „Diamant“, aus dem Supermarkt)
500 ml Buttermilch
150 ml Wasser
1 EL Salz

Außerdem
Mehl für die Arbeitsfläche
Öl zum Einölen der Schüssel

1 Hefe und Zucker in lauwarmem Wasser auflösen. Weizen-, Weizenvollkorn- und Sechskornmehl in die Schüssel der Küchenmaschine geben. Buttermilch, Hefemischung und Wasser zugeben. Alles mit dem Knethaken auf niedrigster Stufe ca. 4 Minuten kneten. Das Salz einrieseln lassen und weitere 3 Minuten auf Stufe 2 kneten.

2 Den weichen, aber etwas klebrigen Teig auf die mit Mehl bestreute Arbeitsfläche geben und zu einer Kugel formen, in eine geölte Schüssel legen, mit Klarsichtfolie abdecken und bei ca. 24 °C etwa 1 1/2 Stunden gehen lassen. Nach der Hälfte der Zeit einmal übereinander falten und zurück in die Schüssel legen.

3 Den Topf im Backofen auf der untersten Einschubleiste auf 220 °C aufheizen (das dauert ungefähr 40 Minuten).

4 Den Teig wieder auf die Arbeitsfläche geben, zu einem runden Laib formen und in einen Gärkorb legen oder mit einem bemehlten Küchentuch bedeckt 30 Minuten ruhen lassen.

5 Den Topf mit gut isolierten Küchenhandschuhen aus dem Backofen holen und den Teig hineinlegen, dreimal quer einschneiden, den Deckel auflegen und zurück in den Backofen stellen. Das Brot 60 Minuten backen.

6 Den Topf aus dem Ofen holen (Küchenhandschuhe nicht vergessen!), das Brot auf einen Rost gleiten und auskühlen lassen.

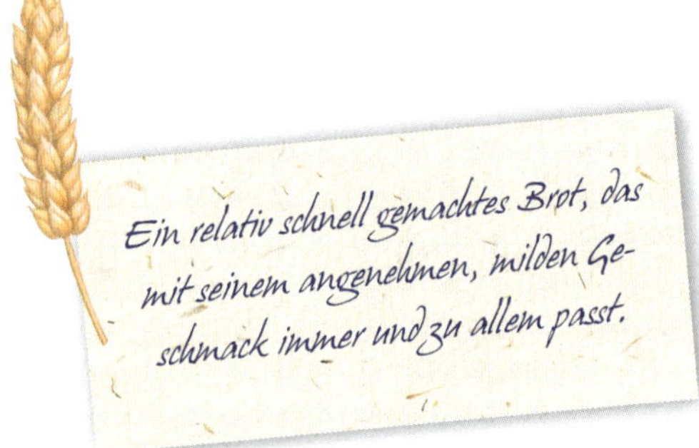

Zucchinibrot mit Tomaten und Oliven

Arbeitszeit: ca. 20 Minuten | Gärzeit insgesamt: 2 Stunden | Backzeit: 55 Minuten

für einen 3 l Topf
Brotlaib ca. 2,3 kg

Vorteig
30 g Trockenhefe
1/4 TL Zucker
50 ml lauwarmes Wasser (38 °C)
50 g Weizenmehl

Teig
1200 g Weizenmehl, Type 550
300 ml Wasser
1 EL Zucker
1 EL Olivenöl
3 TL Salz
500 g grob geraspelte Zucchini mit Schale
2 TL frische Thymianblättchen oder 1 TL getrockneter Thymian
100 g fein gewürfelte getrocknete und in Öl eingelegte Tomaten
75 g fein gewürfelte schwarze Oliven

Außerdem
Mehl für die Arbeitsfläche
Öl zum Einölen der Schüssel

1 Für den Vorteig Hefe und Zucker im lauwarmen Wasser auflösen, Mehl einrühren und 30 Minuten ruhen lassen.

2 Für den Teig Weizenmehl, Wasser und Zucker in der Schüssel der Küchenmaschine mit dem Knethaken verrühren. Vorteig zugeben und alles etwa 5 Minuten auf Stufe 1 verkneten, dann das Olivenöl zufügen sowie das Salz einrieseln lassen und weitere 2 Minuten auf Stufe 2 kneten. Schließlich die Zucchiniraspel, Thymian, Tomaten- und Olivenwürfel esslöffelweise dazugeben und 5 bis 6 Minuten weiterkneten. Der Teig wird dabei weicher und löst sich vom Schüsselrand.

3 Den Teig auf einer mit Mehl bestreuten Arbeitsfläche zu einer Kugel formen, in eine geölte Schüssel geben und abgedeckt bei ca. 24 °C etwa 1 Stunde gehen lassen. Nach 30 Minuten zweimal zusammenfalten und zurück in die Schüssel legen.

4 Anschließend den Teig auf einer mit Mehl bestreuten Arbeitsfläche zu einem Laib formen und mit etwas Mehl bestreuen. Mit einem Küchentuch bedeckt 30 Minuten ruhen lassen.

5 Den Topf im Backofen auf der untersten Einschubleiste auf 200 °C aufheizen (das dauert ungefähr 35 Minuten).

6 Den Topf mit gut isolierten Küchenhandschuhen aus dem Backofen holen und den Teig hineinlegen. Dreimal schräg einschneiden, den Deckel auflegen und zurück in den Backofen stellen. Die Temperatur auf 180 °C reduzieren und das Brot 55 Minuten backen.

7 Den Topf aus dem Backofen nehmen (Küchenhandschuhe nicht vergessen!), das Brot auf einen Rost stürzen und auskühlen lassen.

Aromatische Sauerteigbrote

Landbrot

Arbeitszeit: ca. 25 Minuten | Gärzeit insgesamt: 2 3/4 Stunden | Backzeit: 55 Minuten

21 °C

für einen 3 l Topf
Brotlaib ca. 1,2 kg

1/2 TL Puderzucker
30 ml lauwarmes Wasser (38 °C)
20 g frische Hefe
750 g Weizenmehl, Type 1050
200 g Roggenmehl, Type 1150
500 ml Wasser
75 g flüssiger Sauerteig (Fertigprodukt oder selbst angesetzt, siehe Rezept S. 15)
1 EL Zuckerrübensirup
1 EL weiche Butter
1 EL Salz

Außerdem
Mehl für die Arbeitsfläche
Öl zum Einölen der Schüssel

1 Puderzucker mit dem Wasser verrühren, die Hefe zerbröckeln und darin auflösen.

2 Jeweils die Hälfte des Weizen- und des Roggenmehls mit jeweils der Hälfte der Hefemischung in die Schüssel der Küchenmaschine geben. Mit 500 ml Wasser auf niedrigster Stufe ca. 2 Minuten kneten, dann 1 Stunde ruhen lassen.

3 Den flüssigen Sauerteig und das restliche Weizen- und Roggenmehl dazugeben. Rübensirup, Butter und Salz hinzufügen. Alles etwa 5 Minuten auf Stufe 1 und dann etwa 10 Minuten auf Stufe 2 kneten bis ein elastischer Teig entstanden ist, der sich leicht vom Schüsselrand löst.

Dieses Brot schmeckt so, wie ich es aus Kindertagen in Erinnerung habe. Wenn wir vom Einkaufen kamen, bestrich meine Mutter ein paar Scheiben des frisch gebackenen Brotes mit Butter und selbst gemachtem Quittengelee, die wir dann als kleine Stärkung zwischendurch genossen. Und so esse ich es auch heute noch gern.

4 Den Teig in eine leicht geölte Schüssel legen und bedeckt bei ca. 24 °C etwa 45 Minuten gehen lassen.

5 Den Teig anschließend auf einer mit Mehl bestreuten Arbeitsfläche rund formen und mit einem sauberen Küchentuch bedeckt 5 bis 10 Minuten ruhen lassen. Einen Laib formen und in eine mit einem bemehlten Küchentuch ausgelegte Schüssel oder einen Gärkorb legen. Wieder mit der Klarsichtfolie abdecken und nochmals bei ca. 24 °C etwa 1 Stunde gehen lassen.

6 Den Topf im Backofen auf der untersten Einschubleiste auf 250 °C aufheizen (das dauert ungefähr 45 Minuten).

7 Topf mit gut isolierten Küchenhandschuhen aus dem Backofen nehmen, Deckel abheben und den Brotteig vorsichtig hineingleiten lassen. Mit einem scharfen Messer kreuzweise einschneiden, zugedeckt wieder in den Backofen stellen, die Temperatur auf 220 °C reduzieren und etwa 55 Minuten backen.

8 Topf aus dem Ofen holen (Küchenhandschuhe!), das Brot auf einen Rost stürzen und auskühlen lassen.

Kartoffelbrot

Arbeitszeit: ca. 15 Minuten | Gärzeit insgesamt: 2 Stunden | Backzeit: 50 Minuten

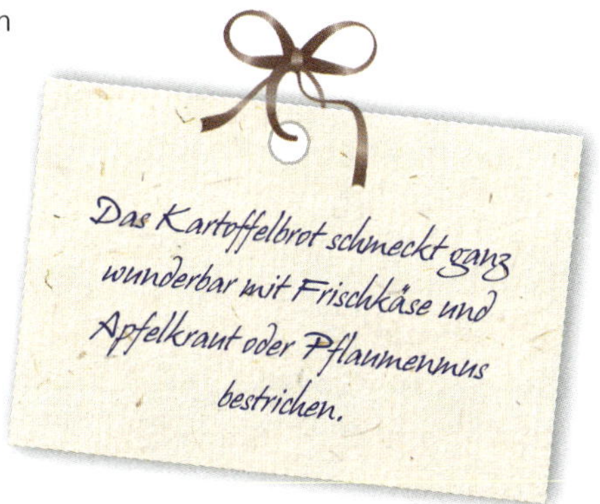

für einen 3 l Topf
Brotlaib ca. 1,2 kg

250 g mehlige Kartoffeln
Salz
5 g Trockenhefe
1/4 TL Puderzucker
30 ml lauwarmes Kartoffelwasser (38 °C)
450 g Weizenmehl, Type 1050
80 g Roggenmehl, Type 1150
75 g flüssiger Sauerteig (Fertigprodukt oder selbst angesetzt, siehe Rezept S. 15)
120 ml Kartoffelkochwasser
1 EL Salz

Außerdem
Mehl für die Arbeitsfläche
Öl zum Einölen der Schüssel

1 Kartoffeln schälen, vierteln und in Salzwasser in ca. 15 bis 20 Minuten weich kochen. Abgießen, dabei 150 ml Kartoffelwasser auffangen. Kartoffeln durch die Kartoffelpresse drücken.

2 Hefe und Puderzucker mit 30 ml lauwarmem Kartoffelwasser verrühren. Weizenmehl, Roggenmehl, Sauerteig, Hefemischung und restliches Kartoffelwasser in der Schüssel der Küchenmaschine mit dem Knethaken etwa 2 Minuten auf niedriger Stufe verrühren.

3 Dann weitere 5 bis 6 Minuten auf mittlerer Stufe rühren, dabei die zerdrückten Kartoffeln esslöffelweise hinzufügen und das Salz einrieseln lassen. Der Teig sollte sich vom Schüsselrand lösen. Ist er zu fest, evtl. 1 bis 2 EL Wasser zufügen.

4 Den Teig in eine große geölte Schüssel geben und bei ca. 24 °C mit Klarsichtfolie bedeckt etwa 1 Stunde gehen lassen. Das Volumen sollte sich dann verdoppelt haben. Anschließend den Teig auf einer mit Mehl bestreuten Arbeitsfläche vorsichtig zu einer Kugel rollen. Eine Schüssel mit einem bemehlten Tuch auslegen und die Teigkugel darauf geben. Wieder mit der Klarsichtfolie abdecken und nochmals bei ca. 24 °C etwa 1 Stunde gehen lassen.

5 Den Topf im Backofen auf der untersten Einschubleiste auf 250 °C aufheizen (das dauert ungefähr 45 Minuten).

6 Den Topf mit gut isolierten Küchenhandschuhen aus dem Backofen nehmen und den Teig hineingleiten lassen, kreuzweise einschneiden. Deckel auflegen und den Topf wieder in den Backofen stellen. Temperatur auf 220 °C reduzieren und das Brot 50 Minuten backen.

7 Den Topf aus dem Backofen nehmen (Küchenhandschuhe nicht vergessen!), das Brot auf einen Rost stürzen und auskühlen lassen.

Bauernweißbrot

Arbeitszeit: ca. 20 Minuten | Gärzeit insgesamt: 17 Stunden | Backzeit: 55–60 Minuten

für einen 5 l Topf
Brotlaib ca. 2 kg

Vorteig
6 g frische Hefe
60 ml lauwarmes Wasser (38 °C)
200 ml Wasser
400 g Weizenmehl Type 812
75 g flüssiger Sauerteig (Fertigprodukt oder selbst angesetzt, siehe Rezept S. 15)

Teig
21 g frische Hefe (halber Würfel)
80 ml lauwarmes Wasser (38 °C)
800 g Weizenmehl Type 1050
400 ml Wasser
1 1/2 EL Salz

Außerdem
Mehl für die Arbeitsfläche
Öl zum Einölen der Schüssel

1 Für den Vorteig die Hefe in lauwarmem Wasser auflösen. In einer Rührschüssel Wasser, Mehl, Hefemischung und Sauerteig mit einem Rührlöffel kräftig mischen, sodass ein glatter Teig entsteht. Schüssel mit Klarsichtfolie oder einem sauberen Küchentuch abdecken und bei Zimmertemperatur bis zum nächsten Tag (ca. 15 Stunden) ruhen lassen.

2 Für den Teig Hefe im lauwarmen Wasser auflösen, zum Vorteig geben und gut mischen. Mehl, Vorteig und Wasser in die Schüssel der Küchenmaschine geben, auf niedrigster Stufe etwa 5 Minuten kneten. Das Salz einrieseln lassen, weitere 5 Minuten auf mittlerer Stufe kneten, bis der Teig glatt und elastisch, aber noch leicht klebrig ist. Den Teig in einer leicht geölten Schüssel bei ca. 24 °C etwa 1 Stunde mit einer Klarsichtfolie zugedeckt gehen lassen, dabei nach 30 Minuten einmal zusammenfalten.

3 Den Teig auf die mit Mehl bestreute Arbeitsfläche geben und mit bemehlten Händen rund formen. Entweder einen Gärkorb verwenden oder eine Schüssel mit einem Tuch auslegen und mit Mehl bestreuen. Den Teig hineinlegen, wieder mit der Klarsichtfolie abdecken und 45 bis 60 Minuten bei ca. 24 °C gehen lassen.

4 Den Topf im Backofen auf der untersten Einschubleiste auf 250 °C aufheizen (das dauert ungefähr 45 Minuten).

5 Den Topf mit gut isolierten Küchenhandschuhen aus dem Ofen holen, Deckel abheben und den aufgegangenen Brotteig vorsichtig in den Topf legen. Mit einem scharfen Messer mehrmals schräg einschneiden. Deckel schließen und den Topf zurück in den Ofen stellen. Nach 15 Minuten die Temperatur auf 220 °C reduzieren und weitere 40 bis 45 Minuten backen.

6 Topf aus dem Ofen holen (Küchenhandschuhe nicht vergessen!), das Brot herausgleiten und auf einem Rost auskühlen lassen.

Das erste Rezept meiner Sammlung. Sauerteigbrot war damals in Spanien nicht zu kriegen. Aber ich wollte auch im Urlaub nicht darauf verzichten und so probierte ich recht lange herum, bis dieses Brot herauskam. Es ist immer noch eines der Lieblingsbrote meiner Familie. Mit Leberwurst ein Gedicht!

Dieses herzhafte, reine Roggenbrot mag unser Freund Daniel besonders gern, dem ich vor Besuchen immer einen Laib als Mitbringsel backe. Am liebsten isst er es mit Schwarzwälder Schinken.

Reines Roggenbrot

Arbeitszeit: ca. 15 Minuten | Gärzeit insgesamt: 3 1/4 Stunden | Backzeit: 50 Minuten

für einen 5 l Topf
Brotlaib ca. 1,8 kg

1 Würfel Frischhefe (42 g)
3 EL Rohrzucker
100 ml lauwarmes Wasser (38 °C)
1 kg Roggenmehl, nach Möglichkeit Type 1370 vom Bäcker (oder Type 1150 aus dem Supermarkt)
150 g flüssiger Sauerteig (Fertigprodukt oder selbst angesetzt, siehe Rezept S. 15)
600 ml Wasser
3 TL Salz

Außerdem
Mehl für die Arbeitsfläche

1 Hefe zerbröckeln und mit dem Zucker in lauwarmem Wasser auflösen.

2 Mehl in die Rührschüssel der Küchenmaschine geben, Sauerteig, Hefemischung und Wasser zufügen und mit dem Knethaken auf geringer Stufe ca. 3 Minuten rühren. Salz zufügen und nochmals auf mittlerer Stufe ca. 5 Minuten rühren, bis sich der Teig vom Schüsselrand löst.

3 Teig auf einer mit Mehl bestreuten Arbeitsfläche zu einer Kugel formen, dabei die Oberfläche mit den Händen spannen. Eine Schüssel mit einem bemehlten Tuch auslegen, den Teig hineinlegen, mit Klarsichtfolie abdecken und darin 2 1/2 Stunden bei ca. 24 °C gehen lassen. Danach sollte sich das Volumen verdoppelt haben.

4 Den Teig anschließend auf der Arbeitsfläche zu einem Laib formen, mit Mehl bestreuen und in einen Gärkorb legen, bedecken oder ihn nur mit einem Tuch bedeckt weitere 45 Minuten ruhen lassen.

5 Den Topf im Backofen auf der untersten Einschubleiste auf 250 °C aufheizen (das dauert ungefähr 45 Minuten).

6 Topf mit gut isolierten Küchenhandschuhen aus dem Ofen nehmen, Deckel abheben, den Laib hineinlegen und dreimal schräg einschneiden. Deckel schließen und wieder in den Ofen stellen. Die Temperatur auf 220 °C reduzieren und das Brot 50 Minuten backen.

7 Topf aus dem Ofen holen (Küchenhandschuhe nicht vergessen!), das Brot herausgleiten und auf einem Rost auskühlen lassen.

Sebastians Malzbrot

Arbeitszeit: ca. 20 Minuten | Gärzeit insgesamt: 2 1/4 Stunden | Backzeit: 50 Minuten

für einen 3 l Topf
Brotlaib ca. 1 kg

250 g mehlig kochende Kartoffeln
Salz für das Kochwasser
5 g Trockenhefe
1 EL Zuckerrübensirup
300 ml lauwarmes Malzbier (38 °C)
150 g Roggenmehl, Type 1150
350 g Weizenmehl, Type 550
75 g Sauerteig
(Fertigprodukt oder selbst angesetzt, siehe Rezept S. 15)
2 EL brauner Zucker
2 TL Salz

Außerdem
Mehl für die Arbeitsfläche
Öl zum Einölen der Schüssel

1 Kartoffeln schälen, vierteln und in Salzwasser in ca. 15 bis 20 Minuten weich kochen. Abgießen, abkühlen lassen und mit einer Gabel zerdrücken. Hefe und Zuckerrübensirup in lauwarmem Malzbier auflösen.

2 Weizen- und Roggenmehl in die Rührschüssel der Küchenmaschine geben, Kartoffeln, Hefe-Malzbiermischung und Sauerteig zufügen und mit dem Knethaken bei niedriger Stufe etwa 3 Minuten rühren. Zucker und Salz zufügen und nochmals auf mittlerer Stufe 4 Minuten rühren.

3 Teig in eine geölte Schüssel geben und mit einer Klarsichtfolie bei ca. 24 °C etwa 45 Minuten gehen lassen. Anschließend den Teig auf einer mit Mehl bestreuten Arbeitsfläche zu einer Kugel formen und in eine mit einem bemehlten Tuch ausgelegte Schüssel oder einen Gärkorb legen. Wieder mit der Klarsichtfolie bedecken und nochmals bei ca.
24 °C etwa 1 1/2 Stunden gehen lassen. Danach sollte sich das Volumen verdoppelt haben.

4 Den Topf im Backofen auf der untersten Einschubleiste auf 250 °C aufheizen (das dauert ungefähr 45 Minuten).

5 Den Topf mit gut isolierten Küchenhandschuhen herausholen, den Deckel abheben, Teigkugel hineingleiten lassen, den Deckel schließen und in den Ofen stellen. Nach 15 Minuten die Temperatur auf 220 °C reduzieren und weitere 35 Minuten backen.

6 Den Topf aus dem Ofen holen (Küchenhandschuhe nicht vergessen!), das Brot herausgleiten und auf einem Rost auskühlen lassen.

Malzbrot mit Obatzda oder Griebenschmalz darf auf keinen Fall fehlen, wenn mein Sohn seine Freunde zum Anschauen der Bundesligaspiele im Fernsehen einlädt. Bier gibt's natürlich auch.

Karottenbrot mit Haselnüssen

auf dem Foto Seite 40

Arbeitszeit: ca. 15 Minuten | Gärzeit insgesamt: 1 3/4 Stunden | Backzeit: 50 Minuten

für einen 3 l Topf
Brotlaib ca. 1 kg

250 g Karotten
75 g geröstete und gehackte Haselnüsse
10 g Trockenhefe
3 EL Rohrzucker
150 ml lauwarme Milch (38 °C)
500 g Weizenmehl, Type 1050
75 g flüssiger Sauerteig (Fertigprodukt oder selbst angesetzt, siehe Rezept S. 15)
200 ml Karottensaft
2 TL Salz

Außerdem
Mehl für die Arbeitsfläche
Öl zum Einölen der Schüssel

1 Karotten schälen und fein reiben. Mit den gehackten Haselnüssen vermischen.

2 Hefe und Zucker in der lauwarmen Milch auflösen.

3 Mehl in die Rührschüssel der Küchenmaschine geben, Karotten-Haselnussmischung, Sauerteig, Hefe-Milchmischung und Karottensaft zufügen. Mit dem Knethaken auf kleinster Stufe 3 Minuten rühren. Salz einrieseln lassen und 3 Minuten weiterrühren.

4 Den Teig in eine geölte Schüssel legen und mit Klarsichtfolie abgedeckt bei ca. 24 °C etwa 1 Stunde gehen lassen. Dabei sollte sich das Volumen verdoppelt haben.

5 Anschließend den Teig auf einer mit Mehl bestreuten Arbeitsfläche zu einem Laib formen. Mit einem bemehlten Küchentuch bedecken und nochmals 45 Minuten gehen lassen.

6 Den Topf im Backofen auf der untersten Einschubleiste auf 250 °C aufheizen (das dauert ungefähr 45 Minuten).

7 Den Topf mit gut isolierten Küchenhandschuhen herausholen, den Deckel abheben, Laib hineingleiten lassen, kreuzweise einschneiden, den Deckel schließen und in den Ofen stellen. Nach 15 Minuten die Temperatur auf 220 °C reduzieren und weitere 35 Minuten backen.

8 Topf aus dem Ofen holen (Küchenhandschuhe nicht vergessen!), das Brot herausgleiten und auf einem Rost auskühlen lassen.

Ein richtiges Gute-Laune-Brot, das ich meistens schon samstags backe, damit wir es zum Frühstück am Sonntag genießen können. Schmeckt mir besonders gut mit Orangenmarmelade.

Semolina-Brot

auf dem Foto Seite 41

Arbeitszeit: ca. 10 Minuten | Gärzeit insgesamt: 18 Stunden | Backzeit: 2 x 50 Minuten

für einen 3 l Topf
2 Brotlaibe à 750 g

Vorteig
32,5 g flüssiger Sauerteig (Fertigprodukt oder selbst angesetzt, siehe Rezept S. 15)
150 g Weizenmehl, Type 550
185 ml Wasser

Teig
250 g Weizenmehl, Type 550
600 g Semolina (Weizengrieß, aus dem Supermarkt)
475 ml Wasser
1 1/2 EL Salz

Außerdem
Mehl für die Arbeitsfläche
Öl zum Einölen der Schüssel

1 Für den Vorteig den Sauerteig mit Mehl und Wasser verrühren, abdecken und bei Zimmertemperatur ca. 14 Stunden gehen lassen.

2 Für den Teig Weizenmehl, Semolina (Weizengrieß), Vorteig und Wasser in die Rührschüssel der Küchenmaschine geben. Auf kleinster Stufe ca. 3 Minuten kneten, dabei das Salz einrieseln lassen. Falls notwendig, noch 1 EL Wasser oder Mehl zufügen. Der Teig sollte eher trocken als feucht sein. Auf mittlerer Stufe weitere 2 Minuten kneten (Weizengrieß verträgt es nicht, länger geknetet zu werden).

3 Den Teig in eine geölte Schüssel geben, mit Klarsichtfolie bedecken und bei ca. 24 °C etwa 2 Stunden gehen lassen. Nach 1 Stunde den Teig einmal übereinander falten.

4 Den Teig auf eine mit Mehl bestreute Arbeitsfläche geben, in 2 Hälften teilen und jede Hälfte zu einem Laib formen. Die beiden Laibe mit Mehl bestreuen, je mit einem bemehlten Küchentuch bedecken und nochmals bei ca. 24 °C etwa 2 Stunden gehen lassen. Die Laibe vergrößern ihr Volumen nicht sonderlich. Das geschieht erst beim Backen, dann aber enorm.

5 Den Topf im Backofen auf der untersten Einschubleiste auf 240 °C aufheizen (das dauert ungefähr 45 Minuten).

6 Den Topf mit gut isolierten Küchenhandschuhen herausholen, den Deckel abheben, einen Laib hineingleiten lassen, Brot zweimal schräg einschneiden, den Deckel schließen und in den Ofen stellen. 50 Minuten backen. Mit dem zweiten Laib genauso verfahren.

7 Topf aus dem Ofen holen (Küchenhandschuhe nicht vergessen!), das Brot herausgleiten und auf einem Rost auskühlen lassen.

Dieses Rezept stammt von einer Freundin aus der Toskana und hat einen besonders feinen Geschmack. Wir mögen es am liebsten mit Mortadella oder gekochtem Rosmarinschinken.

Rüdigers kerniges Roggenbrot

Arbeitszeit: ca. 20 Minuten | Gärzeit insgesamt: ca. 20 Stunden | Backzeit: 45 Minuten

für einen 3 l Topf
Brotlaib ca. 800 g

Vorteig
100 g flüssiger Sauerteig (Fertigprodukt oder selbst angesetzt, siehe Rezept S. 15)
125 g Roggenmehl, Type 1150
ca. 50 ml lauwarmes Wasser (38 °C)

21°C

Schrot
75 g Roggenschrot
200 ml Wasser

Teig
450 g Roggenmehl, Type 1150
50 g Dinkelmehl, Type 815
50g Weizenmehl, Type 550
5 g Trockenhefe
1 1/2 EL Salz
ca. 250 ml Wasser

Außerdem
Mehl für die Arbeitsfläche
Öl zum Einölen der Schüssel

1 Für den Vorteig Sauerteig mit Mehl verrühren und nur so viel Wasser zugeben, dass ein fester, noch etwas klebriger Teig entsteht. Den Teig in eine leicht geölte Schüssel geben, mit Klarsichtfolie abdecken und 12 Stunden, am besten über Nacht im Kühlschrank gehen lassen. Gleichzeitig Roggenschrot mit Wasser vermischen und ebenfalls über Nacht bei Zimmertemperatur quellen lassen.

2 Sauerteig 1 Stunde vor der weiteren Verarbeitung aus dem Kühlschrank nehmen und Zimmertemperatur annehmen lassen.

3 Für den Teig alle drei Mehlsorten, Roggenschrot (Wasser abgießen!), Hefe und Vorteig in die Rührschüssel der Küchenmaschine geben und mit dem Knethaken bei mittlerer Geschwindigkeit ca. 4 Minuten rühren. Salz einrieseln lassen und nur so viel Wasser zugeben, dass ein fester, aber klebriger Teigkloß entsteht. Teig 5 Minuten ruhen lassen, dann nochmals kurz durchkneten. Teig in eine geölte Schüssel geben, mit Klarsichtfolie abdecken und bei ca. 24 °C etwa 4 Stunden gehen lassen. Das Volumen sollte sich verdoppeln.

4 Den Teig auf eine mit Mehl bestreute Arbeitsfläche geben und vorsichtig zu einem Laib formen; der Teig sollte dabei nicht an Volumen verlieren. Mit Mehl bestreuen, mit einem sauberen Tuch abdecken und 2 Stunden bei ca. 24 °C gehen lassen.

5 Den Topf im Backofen auf der untersten Einschubleiste auf 230 °C aufheizen (das dauert ungefähr 40 Minuten).

6 Den Topf mit gut isolierten Küchenhandschuhen herausholen, den Deckel abheben, den Laib hineinlegen, zweimal schräg einschneiden, den Deckel schließen und in den Ofen stellen. Nach 20 Minuten Hitze auf 200 °C reduzieren und weitere 25 Minuten backen

7 Topf aus dem Ofen holen (Küchenhandschuhe nicht vergessen!), das Brot herausgleiten und auf einem Rost auskühlen lassen.

Rüdiger ist ein kerniger Typ, ein gelernter Koch und Gärtner, der es gern klar und eindeutig mag. Kein Wunder, dass er ein Rezept für ein ebensolches Brot entwickelt hat. Ein Stück Mettwurst dazu und Rüdiger ist glücklich.

Peter Berleys No-Knead Bread

Das Brot, das man nicht kneten muss

Arbeitszeit: ca. 10 Minuten | Gärzeit insgesamt: 10–12 Stunden | Backzeit: 45 Minuten

für einen 3 l Topf
Brotlaib ca. 1 kg

250 g Weizenmehl, Type 550
250 g Weizenmehl, Type 1050
1/4 TL Trockenhefe
35 g flüssiger Sauerteig (Fertigprodukt oder selbst angesetzt, siehe Rezept S. 15)
400 ml Wasser
1 1/2 TL Salz

Außerdem
Mehl für die Arbeitsfläche
Weizengrieß oder Polenta zum Bestreuen

1 In einer großen Schüssel beide Mehlsorten, Hefe, Sauerteig und Wasser mit einem Holzlöffel verrühren. Das Salz zugeben und alles zu einem klebrigen, sehr weichen Teig vermischen. Die Schüssel mit Klarsichtfolie abdecken und ca. 8 bis 10 Stunden bei ca. 21 bis 24 °C gehen lassen. Danach sollte das Volumen vergrößert und der Teig voller Blasen sein.

2 Den Teig auf eine mit Mehl bestreute Arbeitsfläche geben, etwas Mehl darüber streuen und den Teig ein- bis zweimal übereinander falten. Mit Klarsichtfolie abdecken und 15 Minuten ruhen lassen.

3 Den Teig nochmals mit etwas Mehl bestreuen, mit den Händen rund formen und auf ein mit Weizengrieß oder Polenta bestreutes Küchentuch legen. Mit einem zweiten Küchentuch abdecken und bei ca. 24 °C etwa 1 bis 2 Stunden gehen lassen. Dann sollte sich das Volumen verdoppelt haben. Der Teig ist glatt, aber sehr weich, deshalb muss er mit Vorsicht behandelt werden.

4 Den Topf im Backofen auf der untersten Einschubleiste auf 220 °C aufheizen (das dauert ungefähr 35 Minuten).

5 Das obere Tuch vom Teig entfernen. Den Topf mit gut isolierten Küchenhandschuhen herausholen und den Deckel abheben. Mit der Hand unter das Tuch greifen und den Teig langsam vom Tuch in den Topf gleiten lassen. Eventuell den Topf etwas rütteln, damit die Masse gleichmäßig verteilt ist. Den Deckel schließen und den Topf wieder in den Ofen stellen. Hitze auf 200 °C reduzieren und das Brot 45 Minuten backen.

6 Topf aus dem Ofen holen (Küchenhandschuhe nicht vergessen!), das Brot herausgleiten und auf einem Rost auskühlen lassen.

Ich gebe es gerne zu, die ewige Kneterei beim Brotbacken nervt mich manchmal ein bisschen. Deshalb liebe ich dieses Rezept von Peter Berley, TV-Koch aus New York. Sie können es auch ohne Sauerteig zubereiten – dann sollte der erste Gärvorgang aber 15 Stunden dauern.

Klassisches Sauerteig-Mischbrot

Arbeitszeit: ca. 15 Minuten | Gärzeit insgesamt: 17 Stunden | Backzeit: 2 x 45 Minuten

für einen 3 l Topf
2 Brotlaibe à 750 g

Vorteig
150 g Weizenmehl, Type 550
180 ml Wasser
5 g Trockenhefe
75 g flüssiger Sauerteig (Fertigprodukt oder selbst angesetzt, siehe Rezept S. 15)

Teig
250 g Weizenmehl, Type 550
250 g Weizenmehl, Type 1050
350 g Roggenmehl, Type 1150
460 ml Wasser
1 1/2 EL Salz

Außerdem
Mehl für die Arbeitsfläche
Öl zum Einölen der Schüssel

1 Für den Vorteig Weizenmehl, Wasser, Hefe und Sauerteig verrühren und 14 Stunden bei ca. 24 °C gehen lassen. Danach sollte sich das Volumen vergrößert haben und der Teig voller Blasen sein.

2 Für den Teig Weizen- und Roggenmehl, Wasser und Vorteig in die Rührschüssel der Küchenmaschine geben und alles auf kleinster Stufe mit dem Knethaken kurz vermischen. Schüssel mit Klarsichtfolie abdecken und 45 Minuten ruhen lassen.

3 Dann nochmals 1 Minute auf mittlerer Stufe kneten und dabei das Salz einrieseln lassen. Teig auf eine mit Mehl bestreute Arbeitsfläche geben, zu einem Laib formen, in eine geölte Schüssel legen und mit Klarsichtfolie bedeckt bei ca. 24 °C etwa 2 Stunden gehen lassen. Nach 1 Stunde einmal übereinander falten.

4 Den Topf im Backofen auf der untersten Einschubleiste auf 250 °C aufheizen (das dauert ungefähr 45 Minuten).

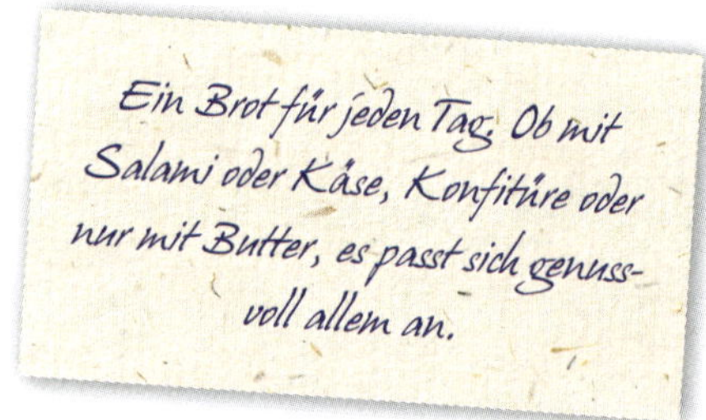

5 Den Teig halbieren und zu 2 Laiben formen, mit je einem bemehlten Tuch bedecken und ca. 15 Minuten ruhen lassen.

6 Den Topf mit gut isolierten Küchenhandschuhen herausholen, den Deckel abheben, einen Laib hineinlegen, zweimal schräg einschneiden, den Deckel schließen und in den Ofen stellen, 45 Minuten backen.

7 Topf aus dem Ofen holen (Küchenhandschuhe nicht vergessen!), das Brot herausgleiten und auf einem Rost auskühlen lassen. Mit dem zweiten Laib ebenso verfahren.

Reines Sauerteigbrot mit Kürbiskernen

Arbeitszeit: ca. 25 Minuten | Gärzeit insgesamt: 10 Stunden | Backzeit: 45–50 Minuten

für einen 5 l Topf
Brotlaib ca. 1,5 kg

21°C

Vorteig

150 g flüssiger Sauerteig (Fertigprodukt oder selbst angesetzt, siehe Rezept S. 15)
150 g Mehl
40–50 ml lauwarmes Wasser (38 °C)

Teig

300 g Weizenmehl, Type 550
300 g Weizenvollkornmehl
150 g Roggenmehl
ca. 425 ml lauwarmes Wasser (38 °C)
125 g grob gehackte Kürbiskerne
1 EL Salz

Außerdem

Mehl für die Arbeitsfläche
Kürbiskernöl zum Einölen der Schüssel

1 Für den Vorteig den Sauerteig in einer Schüssel mit dem Mehl verrühren und nur so viel lauwarmes Wasser zugeben, dass ein kleiner Teigkloß entsteht. Den Vorteig in eine mit Kürbiskernöl geölte Schüssel geben und darin mehrfach umdrehen, damit er rundum geölt ist. Die Schüssel mit Klarsichtfolie abdecken und bei ca. 24 °C etwa 4 Stunden gehen lassen. Das Volumen sollte sich dann verdoppelt haben.

2 Für den Teig Weizenmehle, Roggenmehl und den Vorteig in kleinen Stücken in die Küchenmaschine geben. Etwa 4 Minuten auf niedrigster Stufe kneten, dabei nach und nach das Wasser zugießen und die Kürbiskerne einstreuen. Dabei sollte ein leicht klebriger, weicher Teig entstehen.

3 Den Teig weitere 4 Minuten auf mittlerer Stufe kneten und anschließend ca. 15 Minuten ruhen lassen. Dann nochmals 4 Minuten kneten und dabei das Salz einrieseln lassen.

4 Den Teig auf einer mit Mehl bestreuten Arbeitsfläche zu einer Kugel formen und in eine mit Kürbiskernöl geölte Schüssel legen. Darin etwas herumrollen, damit er rundherum eingeölt ist, mit Klarsichtfolie abdecken und bei ca. 24 °C etwa 3 1/2 Stunden gehen lassen, bis sich sein Volumen verdoppelt hat.

5 Den Teig auf einer bemehlten Arbeitsfläche zu einem Laib formen und in einen Gärkorb geben; alternativ eine Schüssel mit einem bemehlten Küchentuch auslegen und den Laib darauf legen. Mit Klarsichtfolie abdecken und nochmals bei ca. 24 °C etwa 2 1/2 Stunden gehen lassen. Das Volumen sollte sich erneut sichtbar vergrößert haben.

6 Den Topf im Backofen auf der untersten Einschubleiste auf 250 °C aufheizen (das dauert ungefähr 45 Minuten).

7 Den Topf mit gut isolierten Küchenhandschuhen herausholen, den Deckel abheben, den Laib vorsichtig hineinlegen, dreimal schräg einschneiden, den Deckel schließen und in den Ofen stellen. Nach 10 Minuten die Temperatur auf 220 °C reduzieren und das Brot weitere 35 bis 40 Minuten backen.

8 Topf aus dem Ofen holen (Küchenhandschuhe nicht vergessen!), das Brot herausgleiten und auf einem Rost auskühlen lassen.

Geradezu himmlisch ist dieses Brot in etwas Kürbiskernöl gestippt. Ein Glas Rotwein passt perfekt dazu.

Vollkornbrot mit Koriander

Arbeitszeit: ca. 25 Minuten | Gärzeit insgesamt: 17 Stunden | Backzeit: 80–85 Minuten

für einen 3 l Topf
Brotlaib ca. 1,5 kg

Vorteig

250 g Roggenmehl, Type 1150
250 ml Wasser
75 g Sauerteig (Fertigprodukt oder selbst angesetzt, siehe Rezept S. 15)

Schrot

250 g Roggenschrot
300 ml heißes Wasser

Teig

10 g Frischhefe
ca. 350 ml lauwarmes Wasser (38 °C)
300 g Roggenmehl, Type 1150
200 g Weizenmehl, Type 550
100 g Dinkelmehl, Type 815
1 TL gemahlenen Koriander
1 EL Salz

Außerdem

Mehl für die Arbeitsfläche

1 Für den Vorteig Roggenmehl, Wasser und Sauerteig in einer Schüssel vermischen und bei Zimmertemperatur ca. 15 Stunden gehen lassen.

2 Gleichzeitig Roggenschrot mit 300 ml heißem Wasser in eine Schüssel geben und ebenfalls ca. 15 Stunden quellen lassen.

3 Für den Teig Hefe mit der Hälfte des Wassers verrühren. Alle Mehlsorten in die Rührschüssel der Küchenmaschine geben, die Hefe-Mischung, den Vorteig, gemahlenen Koriander und Roggenschrot (Wasser abgießen) zufügen. Alles mit dem Knethaken auf kleinster Stufe etwa 10 Minuten rühren, dabei das Salz einrieseln lassen und das restliche Wasser nach und nach zugießen. Dabei sollte ein fester, aber elastischer Teig entstehen, der sich leicht vom Schüsselrand löst. Schüssel mit einer Klarsichtfolie abdecken und den Teig 30 Minuten ruhen lassen

4 Den Teig auf einer mit Mehl bestreuten Arbeitsfläche zu einem Laib formen. Entweder in einen Gärkorb legen oder mit einem bemehlten Tuch bedecken und ca. 2 1/2 Stunden bei Zimmertemperatur gehen lassen.

5 Den Topf im Backofen auf der untersten Einschubleiste auf 220 °C aufheizen (das dauert ungefähr 40 Minuten).

6 Den Topf mit gut isolierten Küchenhandschuhen herausholen, den Deckel abheben, den Laib hineinlegen, den Deckel schließen und in den Ofen stellen, 15 Minuten backen. Dann die Temperatur auf 190 °C reduzieren und weitere 65 bis 70 Minuten backen.

7 Topf aus dem Ofen holen (Küchenhandschuhe nicht vergessen!), das Brot herausgleiten und auf einem Rost auskühlen lassen.

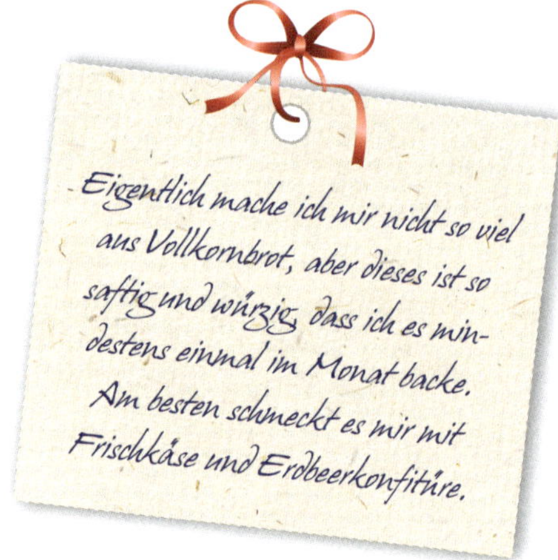

Süße Brote

Wenn wir Frühstücksgäste haben, liegt dieses Brot immer im Korb. Oft gehen die Freunde dann mit dem schnell notierten Rezept nach Hause.

Weizenvollkornbrot

mit Honig, Walnüssen und Cranberries

Arbeitszeit: ca. 20 Minuten | Quellzeit: 15 Stunden | Gärzeit insgesamt: 2 1/2 Stunden | Backzeit: 55–60 Minuten

für einen 3 l Topf
Brotlaib ca. 1000 g

21°C

100 g Weizenschrot
ca. 250 ml warmes Wasser
14 g Trockenhefe
75 g flüssiger Honig
3 EL lauwarmes Wasser (38 °C)
500 g Weizenmehl, Type 550
350 g Weizenvollkornkornmehl
2 TL Salz
625 ml Wasser
100 g gehackte Walnüsse
100 g getrocknete Cranberries oder Sultaninen

Außerdem
Mehl für die Arbeitsfläche
Öl zum Einölen der Schüssel

1 Den Weizenschrot mit warmem Wasser begießen und über Nacht quellen lassen.

2 Hefe und Honig im lauwarmen Wasser auflösen. Beiseite stellen.

3 Weizen-, Weizenvollkornmehl, Weizenschrot (Wasser abgießen) Wasser und Salz in die Rührschüssel der Küchenmaschine geben. Honig-Hefemischung zugießen. Alles mit dem Knethaken auf kleinster Stufe etwa 5 Minuten rühren. Dann Nüsse und Cranberries oder Sultaninen zugeben und auf Stufe 2 nochmals 3 Minuten rühren.

4 Den Teig auf eine mit Mehl bestreute Arbeitsfläche geben, nochmals kurz durchkneten und zu einer Kugel formen. In eine geölte Schüssel legen, mit Klarsichtfolie bedecken und an einem warmen Platz 2 1/2 Stunden gehen lassen, bis der Teig sein Volumen verdoppelt hat.

5 Den Topf im Backofen auf der untersten Einschubleiste auf 200 °C aufheizen (das dauert ungefähr 35 Minuten).

6 Den Topf mit gut isolierten Küchenhandschuhen herausholen, den Deckel abheben, den Laib hineinlegen, den Deckel schließen und 55 bis 60 Minuten backen. Topf aus dem Ofen holen (Küchenhandschuhe nicht vergessen!), das Brot herausgleiten und auf einem Rost auskühlen lassen.

Fruchtiges Nussbrot auf dem Foto Seite 64

Arbeitszeit: ca. 40 Minuten | Gärzeit insgesamt: 7 1/2 Stunden | Backzeit: 55–60 Minuten

für einen 5 l Topf
Brotlaib ca. 1,25 kg

425 g Weizenmehl, Type 1050
175 g Weizenvollkornmehl
270 ml lauwarmes Wasser (38 °C)
1/2 TL Trockenhefe
1 EL lauwarmes Wasser (38 °C)
100 g Sauerteig
(Fertigprodukt oder selbst angesetzt, siehe Rezept S. 15)
75 g Feigen
75 g Datteln
75 g Rosinen
ca. 300 ml warmes Wasser (38 °C)
85 ml Ahornsirup
1 TL Vanille-Extrakt
2 EL geschmolzene Butter
1 TL Zimt
2 TL Salz
100 g grob gehackte Walnüsse

21°C

Außerdem
Mehl für die Arbeitsfläche
Öl zum Einölen der Schüssel

1 Weizen- und Weizenvollkornmehl mit 270 ml warmem Wasser in die Rührschüssel der Küchenmaschine geben. Hefe mit 1 EL lauwarmem Wasser verrühren, mit dem Sauerteig vermischen und in die Schüssel geben. Alles mit dem Knethaken auf kleinster Stufe etwa 10 Minuten rühren, bis ein fester glatter Teig entstanden ist. Mit Folie bedeckt etwa 30 Minuten ruhen lassen.

2 Feigen und Datteln hacken und mit den Rosinen in eine Schüssel geben. Mit warmem Wasser begießen und 15 Minuten einweichen. Das Wasser abgießen.

3 Ahornsirup, Vanille-Extrakt, Butter, Zimt und Salz zum Teig geben und nochmals 3 Minuten kneten. Teig auf einer mit Mehl bestreuten Arbeitsfläche zu einer Kugel formen, in eine geölte Schüssel geben und 2 bis 3 Stunden gehen lassen.

4 Anschließend den Teig auf der Arbeitsfläche flachdrücken, mit den gehackten Früchten und Nüssen bestreuen und kurz durchkneten.

5 Den festen, elastischen Teig zu einem runden Laib formen, eine Schüssel mit einem bemehlten Tuch auslegen, den Laib hineinlegen und mit etwas Mehl bestreuen. Mit Klarsichtfolie bedecken und 3 bis 4 Stunden bei Zimmertemperatur gehen lassen. Das Teigvolumen sollte sich dann etwa verdoppelt haben.

6 Den Topf im Backofen auf der untersten Einschubleiste auf 250 °C aufheizen (das dauert ungefähr 45 Minuten).

7 Den Topf mit gut isolierten Küchenhandschuhen herausholen, den Deckel abheben, den Laib hineinlegen, den Deckel schließen und in den Ofen stellen. Temperatur auf 220 °C reduzieren und 55 bis 60 Minuten backen. Topf aus dem Ofen holen (Küchenhandschuhe nicht vergessen!), das Brot herausgleiten und auf einem Rost auskühlen lassen.

Eines meiner absoluten Lieblingsbrote. Einfach nur mit frischer Joghurtbutter oder Frischkäse bestreichen und am besten noch warm und knusprig genießen, gerne auch mal mit Pflaumenmus oder Orangen-Möhren-Marmelade (Seite 91).

Biancas Cranberry-Brot

auf dem Foto Seite 65

Arbeitszeit: ca. 30 Minuten | Gärzeit insgesamt: 4 Stunden | Backzeit: 40 Minuten

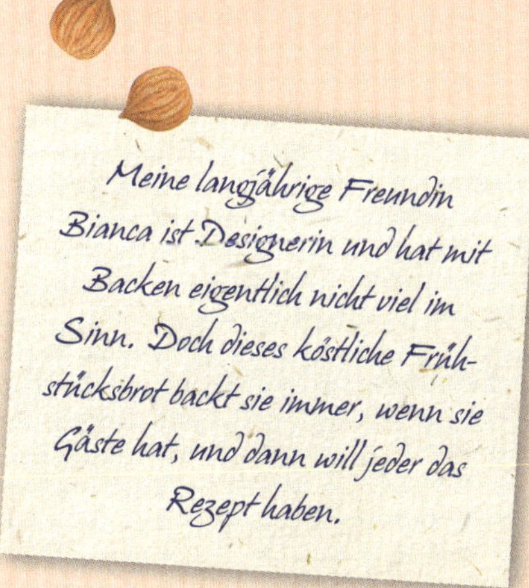

für einen 3 l Topf
Brotlaib ca. 1 kg

150 g getrocknete Cranberries
125 ml frisch gepresster Orangensaft
10 g Trockenhefe
1/4 TL Rohrzucker
3 EL lauwarmes Wasser (38 °C)
400 g Weizenmehl, Type 550
1 TL Salz
150 g kalte Butter in kleinen Stücken
2 Eier (Größe L)
50 gehackte Haselnüsse
100 g Pinienkerne

Außerdem
Mehl für die Arbeitsfläche
evtl. Puderzucker

1 Cranberries etwa 30 Minuten im Orangensaft einweichen.

2 Hefe und Zucker in lauwarmem Wasser auflösen.

3 In der Rührschüssel der Küchenmaschine Mehl mit Salz vermischen und die Butterstückchen darauf setzen. Auf kleinster Stufe mit dem Knethaken zu einer krümeligen Masse verarbeiten. Hefemischung und Cranberries samt Flüssigkeit dazugeben und verrühren. Die Eier verquirlen und ebenfalls in die Rührschüssel geben. Den Teig 3 Minuten auf kleinster Stufe kneten, sodass ein glatter, aber weicher Teig entsteht.

4 Den Teig auf einer mit Mehl bestreuten Arbeitsfläche noch weitere 3 Minuten kneten, zu einem Ball formen und in eine saubere Schüssel legen. Mit einem Tuch bedeckt an einem warmen Platz ca. 3 Stunden gehen lassen. Anschließend Haselnüsse und Pinienkerne vorsichtig unter den Teig heben. Zu einem runden Laib formen und nochmals mit einem Tuch bedeckt 1 Stunde gehen lassen.

5 Den Topf im Backofen auf der untersten Einschubleiste auf 190 °C aufheizen (das dauert ungefähr 35 Minuten).

6 Den Topf mit gut isolierten Küchenhandschuhen herausholen, den Deckel abheben, den Laib hineinlegen, in den Ofen stellen und 40 Minuten backen.

7 Topf aus dem Ofen holen (Küchenhandschuhe nicht vergessen!), das Brot herausgleiten und auf einem Rost auskühlen lassen. Wer möchte, kann das Brot noch mit Puderzucker bestreuen.

Spanisches Osterbrot

Arbeitszeit: ca. 30 Minuten | Gärzeit insgesamt: 12 Stunden | Backzeit: 40–45 Minuten

für einen 5 l Topf
Brotlaib ca. 1,2 kg

Vorteig

20 g Frischhefe
40 ml lauwarmes Wasser (38 °C)
60 g Weizenmehl

Teig

540 g Weizenmehl Type 550
100 ml lauwarme Milch (38 °C)
2 Eier
100 g Zucker
abgeriebene Schale von
1 unbehandelten Zitrone
abgeriebene Schale von
1 unbehandelten Orange
1 TL Vanillezucker
1 TL Salz
100 g weiche Butter
150 g gehackte kandierte Früchte
75 g gehackte Mandeln

Glasur

200 g gesiebter Puderzucker

Außerdem

Mehl für die Arbeitsfläche
Öl zum Einölen der Schüssel

1 Für den Vorteig die Hefe in warmem Wasser auflösen und mit 60 g Mehl zu einem glatten Teig verkneten. In einer mit Klarsichtfolie abgedeckten Schüssel ca. 4 Stunden gehen lassen, bis sich das Volumen verdoppelt hat.

2 Für den Teig das Mehl in die Schüssel der Küchenmaschine geben, Milch, Eier und Zucker zufügen und mit dem Knethaken 2 Minuten auf kleinster Stufe verrühren. Dann Zitronen-, Orangenschale, Vanillezucker, Salz und den in Stücke gezupften Vorteig dazugeben. Alles zuerst auf Stufe 2 verkneten, bis ein glatter, nicht mehr klebriger Teig entstanden ist. Den Teig in einer geölten Schüssel mit Folie bedeckt 4 bis 6 Stunden gehen lassen.

3 Den Teig wieder in die Schüssel der Küchenmaschine geben und kneten, nach und nach die weichen Butterflöckchen, die Früchte und die gehackten Mandeln zugeben. Dabei entsteht ein relativ weicher, glatter Teig.

4 Den Teig nochmals zugedeckt etwa 2 Stunden gehen lassen, bis sich das Volumen verdoppelt hat.

5 Den Topf im Backofen auf der untersten Einschubleiste auf 190 °C aufheizen (das dauert ungefähr 35 Minuten).

6 Den Topf mit gut isolierten Küchenhandschuhen herausholen, den Deckel abheben, den Laib hineinlegen, den Deckel auflegen und in den Ofen stellen. Nach 10 Minuten die Temperatur auf 175 °C herunterschalten und das Brot weitere 30 bis 35 Minuten backen.

7 Den Topf aus dem Ofen holen (Küchenhandschuhe nicht vergessen!), das Brot herausgleiten und auf einem Rost auskühlen lassen.

8 Für die Glasur Puderzucker mit 3 bis 4 EL Wasser verrühren und auf das Brot streichen.

Südtiroler Birnenbrot

Arbeitszeit: ca. 25 Minuten | Gärzeit insgesamt: 21 1/2 Stunden | Backzeit: 45 Minuten

für einen 3 l Topf
Brotlaib ca. 600 g

Vorteig
- 5 g Frischhefe
- 1/4 TL Puderzucker
- 100 ml lauwarmes Wasser (38 °C)
- 100 g Mehl

Teig
- 150 g getrocknete Birnen
- 100 ml Birnensaft und zusätzlich etwas Saft zum Auffüllen
- 10 g Frischhefe
- 175 g Weizenmehl, Type 1050
- 75 g Dinkelmehl
- 1 TL Salz
- 1/2 TL gemahlenen Zimt
- 1/2 TL gemahlenen Ingwer
- 1/2 TL gemahlenen Kardamom
- 1/4 TL gemahlene Nelken
- 50 g Rosinen
- 75 g gehackte Haselnüsse

Außerdem
- Mehl für die Arbeitsfläche
- Öl zum Einölen der Schüssel

1 Für den Vorteig Hefe und Puderzucker im lauwarmen Wasser auflösen und mit dem Mehl zu einem glatten Teig verrühren. Etwa 18 Stunden bei Zimmertemperatur gehen lassen.

2 Für den Teig die Birnen grob würfeln und im Birnensaft 1 Stunde quellen lassen, dann abgießen und den Saft dabei auffangen. Saft wieder auf 100 ml auffüllen. Hefe und Saft verrühren.

3 Weizen-, Dinkelmehl und Hefe-Saft-Mischung in die Schüssel der Küchenmaschine geben und auf kleinster Stufe mit dem Knethaken etwa 5 Minuten verrühren. Dann Salz, gewürfelte Birnen, Gewürze, Rosinen und gehackte Haselnüsse zufügen und nochmals 2 Minuten auf mittlerer Stufe vermischen.

4 Den Teig in eine geölte Schüssel geben und mit Klarsichtfolie abgedeckt 2 Stunden bei Zimmertemperatur gehen lassen.

5 Teig auf einer mit Mehl bestreuten Arbeitsfläche zweimal übereinander falten und zu einem runden Laib formen, dabei mit den Händen sanft spannen. Mit einem Tuch bedecken und 1 1/2 Stunden ruhen lassen.

6 Den Topf im Backofen auf der untersten Einschubleiste auf 250 °C aufheizen (das dauert ungefähr 45 Minuten).

7 Den Topf mit gut isolierten Küchenhandschuhen herausholen, den Deckel abheben, den Laib hineinlegen, den Deckel auflegen und in den Ofen stellen. Nach 15 Minuten die Temperatur auf 230 °C herunterschalten und das Brot weitere 30 Minuten backen.

8 Topf aus dem Ofen holen (Küchenhandschuhe nicht vergessen!), das Brot herausgleiten und auf einem Rost auskühlen lassen.

Das Rezept stammt von einem Bäcker aus Mals in Südtirol, der es mir erst nach tagelangem, gutem Zureden verraten hat. Wir essen es am liebsten mit Brie oder frischem Ziegenkäse.

Mandel-Zimt-Rosette

Arbeitszeit: ca. 35 Minuten | Gärzeit insgesamt: 3 Stunden | Backzeit: 45 Minuten

für einen 5 l Topf
Brotlaib ca. 1,5 kg

Vorteig

20 g Trockenhefe
1/4 TL Zucker
100 ml lauwarmes Wasser (38 °C)
100 g Weizenmehl, Type 550

Teig

700 g Weizenmehl, Type 550
100 g Zucker
250 ml lauwarme Milch (38 °C)
2 Eier
100 g weiche Butter
1 TL Salz

Füllung und Guss

1 1/2 EL gemahlener Zimt
120 g feiner Zucker
75 g gehackte Mandeln
150 g Puderzucker
1 TL Zimt

Außerdem

Mehl für die Arbeitsfläche
Öl zum Einölen der Schüssel

1 Für den Vorteig Hefe und Zucker in lauwarmem Wasser auflösen. Weizenmehl zufügen, alles vermischen und 30 Minuten gehen lassen.

2 Für den Teig Mehl, Zucker, Milch, Eier und Butter in der Rührschüssel der Küchenmaschine mit dem Knethaken etwa 3 Minuten auf Stufe 1 vermischen. Den Vorteig zufügen und weitere 5 Minuten rühren. Zum Schluss das Salz einrieseln lassen und auf Stufe 2 nochmals 3 Minuten rühren.

3 Teig auf eine mit Mehl bestreute Arbeitsfläche geben und kurz durchkneten. Dabei evtl. noch etwas Mehl einarbeiten. Dabei sollte ein weicher, elastischer Teig entstehen. Zu einer Kugel formen und in einer geölten Schüssel mit Klarsichtfolie bedeckt etwa 1 1/2 Stunden gehen lassen.

4 Teig auf der Arbeitsfläche zu einem Quadrat von etwa 30 cm Seitenlänge und 2 cm Höhe ausrollen. 1 1/2 EL Zimt, Zucker und Mandeln vermischen und auf den ausgerollten Teig streuen. Den Teig dann aufrollen, mit der Naht nach unten auf der Arbeitsfläche mit einem Küchentuch bedecken und bei Zimmertemperatur 1 Stunde gehen lassen.

5 Den Topf im Backofen auf der untersten Einschubleiste auf 190 °C aufheizen (das dauert ungefähr 35 Minuten).

6 Die Teigrolle in sechs 5 cm lange Stücke teilen.

7 Den Topf mit gut isolierten Küchenhandschuhen herausholen, den Deckel abheben, die Teigstücke im Kreis angeordnet hineinlegen. Den Topf zudecken und wieder in den Ofen stellen. Nach 15 Minuten die Temperatur auf 175 °C herunterschalten und das Brot weitere 30 Minuten backen.

8 Topf aus dem Ofen holen (Küchenhandschuhe nicht vergessen!), das Brot vorsichtig herausgleiten und auf einem Rost auskühlen lassen.

9 Für den Guss Puderzucker und 1 TL Zimt mit 2 EL Wasser verrühren und auf die Rosetten streichen.

Nicht nur zum Frühstück bei allen beliebt. Man kann die Rosetten auch zum Tee am Nachmittag genießen und ohne Extras einfach aus der Hand essen.

Glutenfreie Brote

Glutenfreies Weißbrot

Arbeitszeit: ca. 15 Minuten | Gärzeit insgesamt: 1 1/2 Stunden | Backzeit: 60 Minuten

für einen 3 l Topf
Brotlaib ca. 1 kg

10 g Trockenhefe
1/4 TL Zucker
3 EL lauwarmes Wasser (38 °C)
420 g 4-Korn-Backmischung (Reformhaus, z. B. von Werz)
80 g Teffmehl (Reformhaus)
450 ml Wasser
1 TL Salz
1 Esslöffel Sonnenblumenöl

Außerdem
Teffmehl für die Arbeitsfläche

1 Hefe mit Zucker im lauwarmen Wasser auflösen. Backmischung und Teffmehl in die Rührschüssel der Küchenmaschine geben. Wasser und Hefemischung dazugeben und mit dem Knethaken 3 Minuten auf niedrigster Stufe rühren. Salz und Sonnenblumenöl zufügen und nochmals 2 Minuten rühren, bis ein glatter weicher Teig entstanden ist. Den Teig zugedeckt 1 Stunde bei Zimmertemperatur ruhen lassen.

2 Dann den Teig auf einer mit Teffmehl bestreuten Arbeitsfläche zu einem runden Laib formen. Mit etwas Teffmehl bestreuen und mit einem Tuch bedeckt nochmals 30 Minuten ruhen lassen.

3 Den Topf im Backofen auf der untersten Einschubleiste auf 220 °C aufheizen (das dauert ungefähr 40 Minuten).

4 Den Topf mit gut isolierten Küchenhandschuhen aus dem Backofen holen und den Laib hineinlegen, den Deckel schließen und den Topf zurück in den Backofen stellen. Nach 10 Minuten die Temperatur auf 200 °C reduzieren und das Brot weitere 50 Minuten backen.

5 Topf aus dem Ofen holen (Küchenhandschuhe nicht vergessen!), das Brot auf einen Rost gleiten und auskühlen lassen.

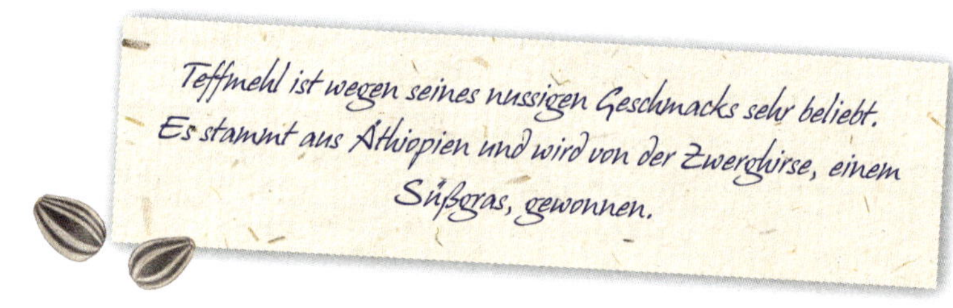

Ein herzhaft kerniges Brot mit schöner Kruste, das zum Beispiel mit frischem Kräuterquark schmeckt.

Glutenfreies 6-Korn-Fitnessbrot

auf dem Foto Seite 76

Arbeitszeit: ca. 15 Minuten | Gärzeit insgesamt: 1 Stunde | Backzeit: 45–50 Minuten

für einen 3 l Topf
Brotlaib ca. 1 kg

1 Würfel Frischhefe (42 g)
50 ml lauwarmes Wasser (38 °C)
1/2 TL Rohrzucker (Reformhaus)
500 g 4-Vollkorn-Backmischung (Reformhaus, z. B. von Werz)
100 g Quinoamehl (Reformhaus)
100 g Amaranthmehl (Reformhaus)
450 ml Wasser
1 TL Salz
3 EL Sonnenblumenöl
75 g Sonnenblumenkerne

1 Hefe mit dem Zucker im lauwarmen Wasser auflösen. Backmischung sowie Quinoa- und Amaranthmehl in die Rührschüssel der Küchenmaschine geben, Wasser und Hefemischung zugeben und mit dem Knethaken 3 Minuten auf niedrigster Stufe rühren, bis ein relativ weicher, aber glatter Teig entstanden ist.

2 Salz, Sonnenblumenöl und Sonnenblumenkerne zufügen und nochmals 2 Minuten rühren. Den Teig zugedeckt 30 Minuten ruhen lassen.

3 Dann den Teig auf einer mit Quinoamehl bestreuten Arbeitsfläche zu einem runden Laib formen. Mit etwas Quinoamehl bestreuen und mit einem Tuch bedeckt nochmals 30 Minuten ruhen lassen.

4 Den Topf im Backofen auf der untersten Einschubleiste auf 200 °C aufheizen (das dauert ungefähr 35 Minuten).

5 Den Topf mit gut isolierten Küchenhandschuhen aus dem Backofen holen und den Laib hineinlegen. Den Deckel schließen und den Topf zurück in den Backofen stellen. Nach 10 Minuten die Temperatur auf 190 °C reduzieren und das Brot weitere 35 bis 40 Minuten backen.

6 Topf aus dem Ofen holen (Küchenhandschuhe nicht vergessen!), das Brot auf einen Rost gleiten und auskühlen lassen.

Wunderbarer Begleiter zu Pasta (gibt es auch glutenfrei), Antipasti oder Minestrone – und keiner merkt, dass es ein etwas anderes Brot ist.

Glutenfreies Oliven-Fenchel-Brot

auf dem Foto Seite 77

Arbeitszeit: ca. 15 Minuten | Gärzeit insgesamt: 1 1/2 Stunde | Backzeit: 45–50 Minuten

für einen 3 l Topf
Brotlaib ca. 1 kg

20 g Frischhefe
1 TL Zucker
50 ml lauwarmes Wasser (38 °C)
400 g 4-Korn-Backmischung (Reformhaus, z. B. von Werz)
100 g Maismehl (Reformhaus)
400 ml Wasser
2 TL Salz
2 TL Fenchelsamen
2 EL Olivenöl
75 g grob gehackte grüne Oliven

Außerdem
Maisgrieß für die Arbeitsfläche

1 Hefe mit dem Zucker im lauwarmen Wasser auflösen. Backmischung und Maismehl in die Rührschüssel der Küchenmaschine geben, Wasser und Hefemischung dazu gießen und mit dem Knethaken 3 Minuten auf niedrigster Stufe rühren. Salz und Fenchelsamen einrieseln lassen und 1 Minute weiterrühren. Dann das Olivenöl und die Oliven zufügen und nochmals 2 Minuten rühren, bis ein weicher, aber glatter Teig entstanden ist. Den Teig zugedeckt 1 Stunde ruhen lassen.

2 Danach den Teig auf einer mit Maisgrieß bestreuten Arbeitsfläche zu einem runden Laib formen. Mit etwas Maisgrieß bestreuen und mit einem Tuch bedeckt nochmals 30 Minuten ruhen lassen.

3 Den Topf im Backofen auf der untersten Einschubleiste auf 220 °C aufheizen (das dauert ungefähr 40 Minuten).

4 Den Topf mit gut isolierten Küchenhandschuhen aus dem Backofen holen und den Laib hineinlegen, den Deckel schließen und den Topf zurück in den Backofen stellen. Das Brot 45 bis 50 Minuten backen, dabei nach 10 Minuten die Temperatur auf 200 °C reduzieren.

5 Topf aus dem Ofen holen (Küchenhandschuhe nicht vergessen!), das Brot auf einen Rost gleiten und auskühlen lassen.

Glutenfreies Kartoffelbrot

Arbeitszeit: ca. 20 Minuten | Gärzeit insgesamt: 45 Minuten | Backzeit: 55–60 Minuten

für einen 3 l Topf
Brotlaib ca. 1,3 kg

200 g mehlig kochende Kartoffeln
1/2 TL Salz
20 g Frischhefe
1/4 TL Zucker
275 ml lauwarmes Kartoffelwasser (38 °C)
150 g Maismehl (Reformhaus)
150 g Reismehl (Reformhaus)
100 g Quinoamehl (Reformhaus)
100 g Buchweizenmehl (Reformhaus)
150 g lauwarme Buttermilch
2 EL Olivenöl
2 TL Salz
2 EL gehackter frischer Rosmarin
75 g gehackte Walnüsse

Außerdem
Maisgrieß für die Arbeitsfläche

1 Die Kartoffeln schälen und in grobe Würfel schneiden. In einem Topf mit Wasser bedecken und 1/2 TL Salz zufügen. In etwa 20 Minuten weich kochen. Abgießen, dabei das Wasser auffangen. Kartoffeln abkühlen lassen und durch die Kartoffelpresse drücken.

2 Hefe und Zucker in 100 ml lauwarmem Kartoffelwasser auflösen.

3 Mais-, Reis-, Quinoa- und Buchweizenmehl in die Rührschüssel der Küchenmaschine geben, Hefemischung, Buttermilch, Kartoffeln und restliches Kartoffelwasser zufügen und mit dem Knethaken auf niedrigster Stufe 2 Minuten rühren. Öl, Salz, Rosmarin und gehackte Nüsse dazugeben und nochmals ca. 5 Minuten rühren, bis ein relativ weicher, aber glatter Teig entstanden ist.

4 Den Teig in der Rührschüssel mit einem Küchentuch abdecken und etwa 45 Minuten bei Zimmertemperatur ruhen lassen. Anschließend den Teig auf eine mit Quinoamehl bestreute Arbeitsfläche geben und mit bemehlten Händen zu einem runden Laib formen.

5 Den Topf im Backofen auf der untersten Einschubleiste auf 220 °C aufheizen (das dauert ungefähr 40 Minuten).

6 Den Topf mit gut isolierten Küchenhandschuhen aus dem Backofen holen und den Laib hineinlegen, den Deckel schließen und den Topf zurück in den Backofen stellen. Temperatur auf 200 °C reduzieren und das Brot 55 bis 60 Minuten backen.

7 Topf aus dem Ofen holen (Küchenhandschuhe nicht vergessen!), das Brot auf einen Rost gleiten und auskühlen lassen.

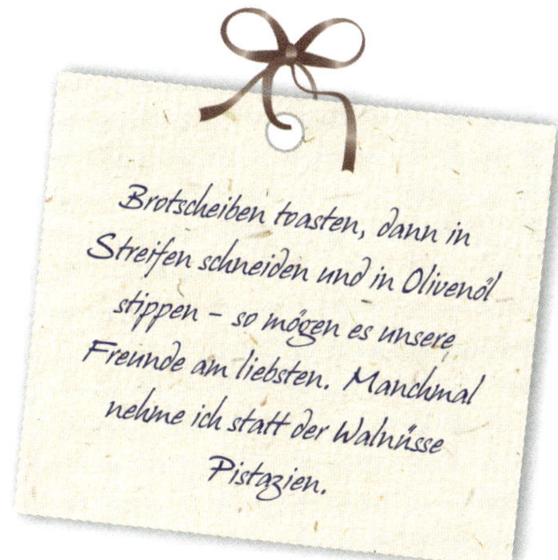

Glutenfreies Sonntagsbrot

Arbeitszeit: ca. 15 Minuten | Gärzeit insgesamt: 45 Minuten | Backzeit: 45 Minuten

für einen 3 l Topf
Brotlaib ca. 1,3 kg

- 10 g Trockenhefe
- 1/4 TL Honig
- 100 ml lauwarme Milch (38 °C)
- 250 g Crème fraîche
- 1 Ei und 2 Eiweiß (Größe M) (1 Eigelb wird später noch benötigt)
- 100 g Rohrzucker
- 1 TL Vanillezucker
- 1/2 TL Salz
- 500 g glutenfreie 4-Korn-Backmischung (Reformhaus, z. B. von Werz)
- 50 ml Sonnenblumenöl
- 100 g gehackte Mandeln
- 200 g Sultaninen
- 1 verquirltes Eigelb

Außerdem

Glutenfreies Mehl (Buchweizen-, Hirse-, Maismehl oder ähnliches) für die Arbeitsfläche

1 Trockenhefe und Honig in der lauwarmen Milch auflösen. In der Rührschüssel der Küchenmaschine mit dem Rührbesen Crème fraîche, Eier, Rohrzucker, Vanillezucker und Salz miteinander mischen, bis eine cremige Masse entsteht. Backmischung und Öl zufügen und 2 Minuten weiterrühren. Dann Mandeln und Sultaninen vermengen und unter die Masse heben. Den relativ weichen, aber formbaren Teig zugedeckt 15 Minuten bei Zimmertemperatur ruhen lassen.

2 Den Teig auf der mit glutenfreiem Mehl bestreuten Arbeitsfläche zu einem runden Laib formen und mit Klarsichtfolie bedeckt nochmals 30 Minuten ruhen lassen; danach mit einem übrig gebliebenen Eigelb bestreichen.

3 Den Topf im Backofen auf der untersten Einschubleiste auf 190 °C aufheizen (das dauert ungefähr 35 Minuten).

4 Den Topf mit gut isolierten Küchenhandschuhen aus dem Backofen holen und den Laib hineinlegen, den Deckel schließen und den Topf zurück in den Backofen stellen. Temperatur auf 170 °C reduzieren und das Brot 45 Minuten backen.

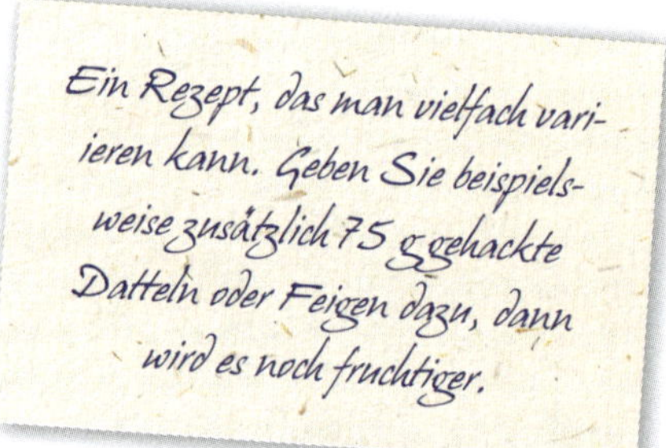

5 Den Topf aus dem Ofen holen (Küchenhandschuhe nicht vergessen!), das Brot auf einen Rost gleiten und auskühlen lassen.

Brotaufstriche

Hühnerleber-Paté

Arbeitszeit: ca. 20 Minuten

1 Zweig Salbei
500 g Hühnerleber
175 g weiche Butter
35 ml Sahne
4 cl Sherry, medium dry
Salz
frisch gemahlener schwarzer Pfeffer
3–4 Blättchen Salbei

1 Salbeiblättchen abzupfen, waschen, trocken tupfen und fein hacken. Hühnerlebern in 50 g Butter dünsten, bis sie gar sind.

2 Hühnerlebern klein schneiden und in eine Schüssel geben, Sahne zufügen und mit dem Stabmixer pürieren.

3 Restliche Butter, Salbei und Sherry untermischen und mit Salz und Pfeffer abschmecken.

4 Steingut-Schüsselchen verteilen, abkühlen lassen und jeweils mit einem Salbeiblättchen garnieren. Hält sich im Kühlschrank 2 bis 3 Tage.

Schmeckt gut zu Französischem Landbrot (S. 26), Bauernweißbrot (S. 46), Fruchtigem Nussbrot (S. 68), Glutenfreiem Kartoffelbrot (S. 83).

Kräuterschmalz

Zutaten für 2 Gläser à 225 g
Arbeitszeit: ca. 30 Minuten

100 g fetter Speck
1 kleiner fester Apfel (Gala, Elstar)
2 EL gehackte Zwiebel
250 g Schweineschmalz
1/2 TL Majoran

1 Speck in kleine Würfel schneiden und in einer Pfanne bei geringer Hitze auslassen, dabei leicht bräunen. Mit einem Sieblöffel aus der Pfanne nehmen und auf Küchenkrepp abtropfen lassen.

2 Apfel schälen, entkernen und fein würfeln. Im verbliebenen Fett anrösten. Mit dem Sieblöffel herausnehmen und beiseite stellen.

3 Zuletzt die gehackte Zwiebel im Fett glasig dünsten und ebenfalls mit dem Sieblöffel herausnehmen.

4 Schweinschmalz schmelzen und Majoran zufügen, dann Apfel-, Zwiebel- sowie Speckwürfel dazugeben. Topf vom Herd nehmen und etwas abkühlen lassen. Schmalz in die Gläser füllen, verschließen und auf den Kopf stellen. Während des Abkühlens immer wieder umdrehen, damit nicht alles auf den Boden sinkt. Nach dem Abkühlen im Kühlschrank aufbewahren. Hält sich ca. 14 Tage.

Schmeckt zu Sonnenblumenkernbrot (S. 21), Mariannes Kartoffelbrot (S. 32), Sebastians Malzbrot (S. 50), Klassischem Sauerteig-Mischbrot (S. 58), Glutenfreiem 6-Korn-Fitnessbrot (S. 80).

Obatzda mit Apfel

Arbeitszeit: ca. 20 Minuten

1 Apfel
2 Schalotten
200 g reifer Camembert
(zimmerwarm)
200 g Frischkäse
2 EL weiche Butter
Salz
Pfeffer
Paprikapulver

1 Apfel schälen und vierteln, das Kerngehäuse entfernen. Frucht in kleine (1/2 cm große) Würfel schneiden. Schalotten schälen und in feine Würfel schneiden.

2 Camembert, Frischkäse und Butter mit dem Stabmixer cremig rühren. Die Apfel- und Schalottenwürfel untermischen. Mit Salz, Pfeffer und Paprikapulver abschmecken. Sofort verzehren.

Schmeckt besonders gut auf Fruchtigem Nussbrot (S. 68), Peter Berleys No-Knead-Bread (S. 57), Landbrot (S. 42) und Glutenfreiem Weißbrot (S. 78).

Weiße-Bohnen-Thunfisch-Creme

Arbeitszeit: ca. 15 Minuten

200 g Thunfisch, natur (Dose)
400 g weiße Bohnen (Glas)
50 ml Olivenöl
1 Knoblauchzehe
abgeriebene Schale von 1 Zitrone
2 EL Zitronensaft
3 Stängel Petersilie

1 Thunfisch in eine Schüssel geben und mit der Gabel zerpflücken. Bohnen abgießen und mit dem Olivenöl dazugeben. Knoblauchzehe durch die Presse drücken und mit Zitronenschale und -saft ebenfalls in die Schüssel geben. Alles mit dem Stabmixer pürieren. Eventuell noch etwas Olivenöl dazugeben. Es sollte eine streichfähige homogene Masse entstehen.

2 Petersilienstängel waschen und trocken schütteln, Blättchen abzupfen und fein hacken, unter die Creme ziehen und servieren. Hält sich im Kühlschrank 3 bis 4 Tage.

Schmeckt sehr lecker mit Ciabatta (S. 25), Französischem Landbrot (S. 26), Glutenfreiem 6-Korn-Fitness-Brot (S. 80), Bauernweißbrot (S. 46) oder Glutenfreiem Weißbrot (S. 78).

Tomaten-Oliven-Paste

Arbeitszeit: ca. 20 Minuten

100 g in Olivenöl eingelegte, entsteinte schwarze Oliven
100 g getrocknete, in Öl eingelegte Tomaten
1–2 Knoblauchzehen
Olivenöl
1 EL fein geriebener Parmesankäse

1 Oliven, Tomaten und Knoblauchzehen hacken und mit dem Stabmixer pürieren, dabei nur so viel Olivenöl zugießen, dass eine streichfähige Masse entsteht.

2 Parmesankäse unterziehen und servieren. Hält sich im Kühlschrank 2 bis 3 Tage.

Sehr lecker auf Ciabatta (S. 25), Semolina-Brot (S. 53), Zucchinibrot mit Tomaten und Oliven (S. 39) oder Glutenfreiem Weißbrot (S. 78).

Sherry-Frischkäse mit Walnüssen und Cranberries

Arbeitszeit: ca. 15 Minuten

200 g Frischkäse
100 g Gouda oder Edamer, grob geraffelt
2 cl Sherry, medium dry
50 g gehackte Walnüsse
50 g gehackte, getrocknete Cranberries
1 Bund gehackte Petersilie

1 Frischkäse sowie Gouda oder Edamer mit Sherry vermischen, Walnüsse und Cranberries darunter ziehen. Masse in eine kleine mit Klarsichtfolie ausgelegte Schüssel füllen und für 3 bis 4 Stunden in den Kühlschrank stellen. Vor dem Servieren Käse auf ein Brett stürzen und die Folie entfernen.

2 Den Käse mit Petersilie bestreuen. Hält sich im Kühlschrank 2 bis 3 Tage.

Schmeckt sehr gut auf Sonnenblumenkernbrot (S. 21), Buttermilchbrot (S. 36), Reinem Roggenbrot (S. 49), Kartoffelbrot (S. 45).

Lachscreme

Arbeitszeit: ca. 20 Minuten

200 g Frischkäse
4 EL Mayonnaise
200 g geräucherter Lachs
1 EL Kapern
1 EL gehackte rote Zwiebel
2 TL frischer Zitronensaft
1/2–1 TL Meerrettich
1 EL gehackte Petersilie

1 Frischkäse, Mayonnaise, 100 g Räucherlachs in groben Stücken, Kapern, Zwiebel und Zitronensaft mit dem Stabmixer ca. 20 Sekunden pürieren.

2 Restlichen Lachs in feine Würfel schneiden und mit dem Meerrettich sowie der Petersilie unter die Creme ziehen.

3 Creme in eine Schüssel füllen und servieren. Hält sich im Kühlschrank 2 bis 3 Tage.

Köstlich auf Westfälischem Bauernbrot (S. 33), Ciabatta (S. 25), Französischem Landbrot (S. 26), Landbrot (S. 42) und Glutenfreiem Weißbrot (S. 78).

Feta-Peperoni-Creme

Arbeitszeit: ca. 15 Minuten

200 g Fetakäse
150 g griechischer Joghurt
1 Knoblauchzehe
2–3 Stängel frischer Oregano
4 getrocknete, in Olivenöl eingelegte Tomaten
4 eingelegte Peperoni (nach Geschmack mittelscharf oder scharf)

1 Fetakäse zerbröckeln und mit Joghurt und Knoblauch pürieren.

2 Oreganoblättchen von den Stängeln abzupfen und fein hacken. Abgetropfte Tomaten und Peperoni ebenfalls fein hacken. Beides unter die Fetamischung rühren.

3 Masse in einen schließbaren Behälter geben und vor dem Servieren einige Stunden oder über Nacht in den Kühlschrank stellen, damit die zunächst etwas flüssige Creme fester wird. Hält sich im Kühlschrank ca. 1 Woche.

Dieser griechische Feta-Dip schmeckt am besten zu Ciabatta (S. 25), Zucchinibrot mit Tomaten und Oliven (S. 39), Semolina-Brot (S. 53) und Glutenfreiem Weißbrot (S. 78).

Süßscharfe Paprikakonfitüre

Zutaten für ca. 2 Gläser à 250 g
Arbeitszeit: ca. 30 Minuten

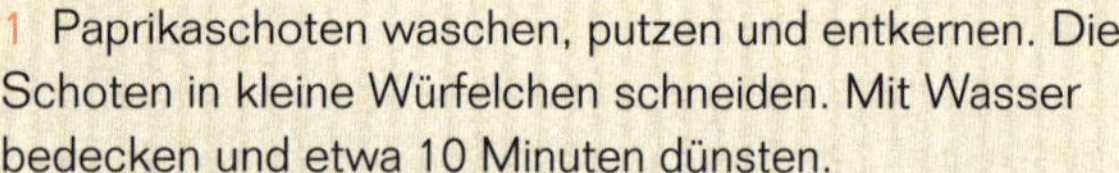

1 große rote Paprikaschote
1 gelbe Paprikaschote
ca. 150 ml Orangensaft
1 Prise Salz
1 TL Chilipaste oder
 1 kleine frische Chilischote
Gelierzucker 2:1

1 Paprikaschoten waschen, putzen und entkernen. Die Schoten in kleine Würfelchen schneiden. Mit Wasser bedecken und etwa 10 Minuten dünsten.

2 Paprikawürfel durch ein Sieb gießen, dabei das Wasser auffangen. Topf auf die Waage stellen und diese auf die Null-Stellung bringen. Paprikawürfel in den Topf geben, den Orangensaft dazu gießen und mit so viel Paprikakochwasser auffüllen, dass die Früchte bedeckt sind.

3 Dann so viel Gelierzucker zugeben, wie die Hälfte des auf der Waage angezeigten Gewichts beträgt. (Beispiel: Bei 600 g benötigt man 300 g Gelierzucker). Alles aufkochen, 3 Minuten leicht sprudelnd kochen lassen und in heiß ausgespülte Gläser mit Schraubverschluss gießen. Gläser für 5 Minuten auf den Kopf stellen. Umdrehen und abkühlen lassen. Hält sich im Kühlschrank bis zu 3 Monaten.

Schmeckt gut mit Ziegen-Frischkäse auf frischem Französischem Landbrot (S. 26), Sonnenblumenkernbrot (S. 21), Kastanien-Speck-Brot (S. 28) und allen Kartoffelbroten (S. 32, 45, 83).

Schwarzes Johannisbeergelee mit Sternanis

Zutaten für 3 Gläser à 400 g
Arbeitszeit: ca. 30 Minuten

1 kg Schwarze Johannisbeeren
ca. 100 ml Weißwein
2 Sternanis
500 g Gelierzucker 2:1

1 Johannisbeeren waschen und mit einer Gabel von den Rispen streifen. Früchte mit Wein und Sternanis in einen Topf geben, aufkochen und unter Rühren etwa 20 Minuten köcheln lassen, bis alle Beeren aufgeplatzt sind.

2 Sternanis entfernen und die Beeren durch ein feines Haarsieb drücken, dabei sollten 750 ml Saft aufgefangen werden. Saft und Gelierzucker zurück in den Topf geben, aufkochen und ca. 3 Minuten sprudelnd kochen lassen.

3 Die Gläser mit kochendem Wasser ausspülen, abtropfen lassen und das Gelee einfüllen. Gläser verschließen und für 5 Minuten auf den Kopf stellen. Umdrehen und abkühlen lassen. Hält sich im Kühlschrank bis zu 3 Monaten.

Schmeckt sehr lecker auf Klassischem Hefe-Mischbrot (S. 18), Müsli-Joghurt-Brot (S. 31), Landbrot (S. 42) und Semolina-Brot (S. 53).

Orangen-Möhren-Marmelade

Zutaten für 3 Gläser à 225 g
Arbeitszeit: ca. 30 Minuten

3 Orangen, unbehandelt
300 g Möhren
250 ml Orangensaft
abgeriebene Schale von
 1 Orange
Gelierzucker 1:1

1 Orangen mit einem Schälmesser schälen und die Schale in feine Streifen schneiden. Die verbliebene weiße Schale mit einem scharfen Messer entfernen, dann die Orangenfilets aus den feinen Häutchen lösen und klein schneiden. Beiseite stellen.

2 Möhren schälen und fein reiben. Mit Orangensaft und -schale in einen Topf geben und 10 Minuten köcheln lassen.

3 Eine Schüssel auf die Waage stellen und auf 0 justieren. Topfinhalt und Orangenstückchen hineingeben und abwiegen. Dieselbe Menge Gelierzucker zufügen und alles in den Topf zurückgeben. Aufkochen und 3 Minuten sprudelnd kochen lassen.

4 Marmelade in heiß ausgespülte Gläser mit Schraubverschluss füllen. Gläser für 5 Minuten auf den Kopf stellen. Umdrehen und abkühlen lassen. Hält sich im Kühlschrank bis zu 3 Monaten.

Schmeckt mir am besten auf Klassischem Hefe-Mischbrot (S. 18), Dinkel-Haselnuss-Brot (S. 22), Französischem Landbrot (S. 26) und Peter Berleys No-Knead Bread (S. 57).

Aprikosenkonfitüre aus getrockneten Früchten

Zutaten für 4 Gläser à 250 g
Arbeitszeit: ca. 75 Minuten
Einweichzeit: 12 Stunden

250 g getrocknete Aprikosen
600 ml Wasser
2 EL Zitronensaft
2 EL Vanille-Extrakt
4 cl Aprikosengeist (nur für Erwachsene!)
Gelierzucker 1:1

1 Aprikosen in kleine Würfel schneiden und mit dem Wasser begießen. Über Nacht einweichen lassen.

2 Am nächsten Tag die Früchte mit Wasser und Zitronensaft aufkochen und ca. 30 Minuten auf kleinster Hitze köcheln lassen.

3 Vanille-Extrakt zufügen und die Früchte samt Flüssigkeit abwiegen. Dieselbe Menge Gelierzucker zufügen, aufkochen und 3 Minuten sprudelnd kochen lassen. Etwas abkühlen lassen und den Aprikosengeist dazugeben.

4 Konfitüre in heiß ausgespülte Gläser mit Schraubverschluss füllen. Gläser für 5 Minuten auf den Kopf stellen. Umdrehen und abkühlen lassen. Hält sich im Kühlschrank bis zu 3 Monaten.

Schmeckt besonders lecker auf Müsli-Joghurt-Brot (S. 31), Reinem Sauerteigbrot (S. 61), Karottenbrot mit Haselnüssen (S. 52), Biancas Cranberry-Brot (S. 69) sowie Spanischem Osterbrot (S. 71).

Rezeptregister nach Kapiteln

Hefebrote

Klassisches Hefe-Mischbrot 18
Sonnenblumenkernbrot 21
Schnelles Dinkel-Haselnuss-Brot 22
Ciabatta 25
Französisches Landbrot 26
Kastanien-Speck-Brot 28
Müsli-Joghurt-Brot 31
Mariannes Kartoffelbrot 32
Westfälisches Bauernbrot 33
Zwiebel-Kümmel-Brot 35
Buttermilchbrot 36
Zucchinibrot mit Tomaten und Oliven 39

Sauerteigbrote

Landbrot 42
Kartoffelbrot 45
Bauernweißbrot 46
Reines Roggenbrot 49
Sebastians Malzbrot 50
Karottenbrot mit Haselnüssen 52
Semolina-Brot 53
Rüdigers kerniges Roggenbrot 54
Peter Berleys No-Knead-Bread 57
Das Brot, das nicht geknetet werden muss 57
Klassisches Sauerteig-Mischbrot 58
Reines Sauerteigbrot mit Kürbiskernen 61
Vollkornbrot mit Koriander 62

Süße Brote

Weizenvollkornbrot mit Honig, Walnüssen und Cranberries 66
Fruchtiges Nussbrot 68
Biancas Cranberry-Brot 69
Spanisches Osterbrot 71
Südtiroler Birnenbrot 73
Mandel-Zimt-Rosette 74

Glutenfreie Brote

Glutenfreies Weißbrot 78
Glutenfreies 6-Korn-Fitnessbrot 80
Glutenfreies Oliven-Fenchel-Brot 81
Glutenfreies Kartoffelbrot 83
Glutenfreies Sonntagsbrot 84

Aufstriche

Hühnerleber-Paté 86
Kräuterschmalz 86
Obatzda mit Apfel 87
Weiße-Bohnen-Thunfisch-Crème 87
Tomaten-Oliven-Paste 88
Sherry-Frischkäse mit Walnüssen und Cranberries 88
Lachscreme 89
Feta-Peperoni-Creme 89
Süßscharfe Paprikakonfitüre 90
Schwarzes Johannisbeergelee mit Sternanis 90
Orangen-Möhren-Marmelade 91
Aprikosenkonfitüre aus getrockneten Früchten 91

ISBN: 978-3-8094-4136-6

9. Auflage 2026

produktsicherheit@penguinrandomhouse.de
(Vorstehende Angaben sind zugleich Pflichtinformationen nach GPSR.)

Dieses Buch ist unter dem gleichen Titel bereits 2013 bei Bassermann Inspiration erschienen.

Umschlaggestaltung: Atelier Versen, Bad Aibling
Fotografie und Foodstyling: Karl Newedel, München
Küche: Christian Arsan
Foto S. 6/7: Istockphoto/gerenme
Illustrationen: Hans Wißmeyer, München
Layout: Epsilon2, Mundelsheim
Projektleitung: Anja Halveland
Herstellung: Elke Cramer
Bildredaktion: Tanja Nerger

Satz: Epsilon2, Mundelsheim
Litho: Regg Media GmbH, München
Druck: PBtisk, a.s., Příbram
Satz dieser Ausgabe: Nadine Thiel, kreativsatz, Baldham

Printed in the Czech Republic

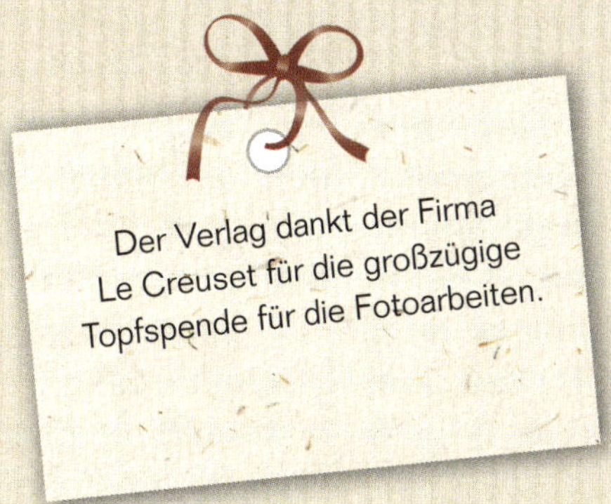